人体力学

介護に役立つ

井本整体主宰
医学博士
井本邦昭

PHP

はじめに

介護で大事なのは、相手に寄り添うこと。

一方的に介護する、されるという関係ではなく
相手の力とコミュニケーションをとりながら進めていく。
ただ手を貸すのではなく、
二人で協力して互いの力を出し合うことで
相手の持っている可能性を引き出す。

これが人体力学が目指す介護のかたちです。

介護はコミュニケーション。

人体力学では、そう考えています。その根底にあるのは、井本整体の**「命に対する礼」**を大切にする姿勢です。

人体力学は、これまで半世紀にわたり、100万人以上の体を診てきたわたしが、その経験から、不調や症状がどのように引き起こされるかをひも解き体系化した、独自の理論です。

人間の体は、臓器や筋肉、骨、そして心が、体の中で互いにメッセージを出し合い、バランスを保っています。どこか一か所でも不具合が生じると、それをカバーすべく、ほかの部位に負担がかかり、新たな不具合が発生することもあります。

こうした**悪い流れの起点を探り、最小限のはたらきかけで、最大限、体の力を引き出していく。**

それが、人体力学です。

ストレスや環境が健康に深刻な影響を与え続ける今の時代では、医療のとらえ方も見直すべきでは、と思っています。

たとえば、薬でも、試すように次々と変える人がいます。しかし、人の命は試すものではありません。

わたしたちの体は、傷を負ったり病気にかかったりすると、治すための機能が高まります。発熱や炎症などは、まさにそのための反応。**もう何をやっても駄目だ、自分の生きる力しかないと腹をくくったとき、その人の本当の潜在体力がいかされることがあるのです。**

――

本書の表題にもある「介護」は、切実で大変な問題です。この本を手にとってくださったみなさんも、さまざまな思いを持っていらっしゃることでしょう。

移動や移乗の介助などで、腕頼みで動作をすると、介護する人はもちろん、介護を受ける人にも、大きな負担がかかってしまいます。

そんなとき、**人体力学を使って、体のねじりや連動、相手との距離を上手に使うと、相手を意外とラクに起こせるはずです。**息を合わせ、力を連動させるのです。

なかには、体に触れられるのを拒否されてしまう、という悩みを持たれている方もいるかと思います。人体力学では、相手に触れる着手はとくに大切にしています。**突然触れたり、強い力で触れると、相手は緊張します。**

相手に声をかけながら、手のひらの温かさを伝えるような気持ちで、大きく触れてください。かけがえのない大切な相手の命に触れるのですから。

「介護」という今の時代の問題において、一般的には、「こういう場合にはこうする」といったマニュアルが求められています。しかし、万人に合うマニュアルというものは、とくに介護の現場では通用しないか、あまり役に立たないことが多いのです。相手の状況や感受性に合わせた移動・移乗を、人体力学のコンセプトから工夫することが大切です。

介護でもいろいろな方法があります。その多くは、力を入れるばかりですが、大事なのは、相手をいかに目覚めさせるか、ということです。では、動かない体を目覚めさせるには、どうしたらよいのか。力を抜くのです。力を抜く方法を学ぶのが、人体力学。視点をちょっと変えてみると、答えに気づくことがたくさんあるのです。

井本整体では、人体力学の理論を介護の現場にいかすべく、体にラクな介護方法をいろいろ試行錯誤してきました。

介護現場の生の声に耳を傾け、特別講座「介護のための人体力学」を開催し、多くの方が、人体力学的介護術を学んでいます。

「まずは母に寄り添う気持ちを大切に、学んだことをいかして接していきたいと思います」

「実際に生活で使える技術ばかりで、とても役に立つと思います」

「移乗で腰を痛めてしまい、困っていました。講座で学んだことをこれから現場で活用していきたいと思います」

「今の自分自身に必要な学びでした。こんなに人ってラクに動けるものなのか！　と、驚きました」

これらは、特別講座に参加された方々にいただいた感想のほんの一部です。

本書は、この井本整体の特別講座「介護のための人体力学」が発端となってできた本です。

介護する側も、介護を受ける側も、一人ひとり、体の大きさも違いますし、日によって体調も違います。それでも、その都度、一番ラクな体の使い方ができるような、そのうちに自分一人で動けるような、そんな介護術が、人体力学的介護術です。

本書を通じて、みなさんに広く、人体力学的介護術をお伝えできることを、うれしく思っています。

井本整体主宰　医学博士
井本邦昭

介護に役立つ
人体力学
CONTENTS

2章 介護される人がラクになる人体力学 73

1章

介護がラクになる人体力学

相手の中心をつかまえると移動・移乗の介護が「ラクになる」

おなかや背骨で「相手の中心」を見つけよう

人体力学を使って、体のねじりや連動、相手との距離を上手に使うと、相手をラクに抱き起こすことができます。そのポイントは、「相手の中心をつかまえる」ことです。

まず、相手の中心はどこかというと、おなか、「下丹田」になります。下丹田とは、へそからまっすぐ下、恥骨から指3本分ほど上にあるポイントです。

おなかは、大事な部位にもかかわらず、骨で隠れていないため、体内の情報が表れやすいという特徴があります。指先でおなかに触れ、そこに出た変化や不調を探り、正しくたどっていけば、必ず原因にたどり着けます。人体力学では、このおなか側の中心は、おもに体力（回復力）を読むときに使います。正常な人のおなか

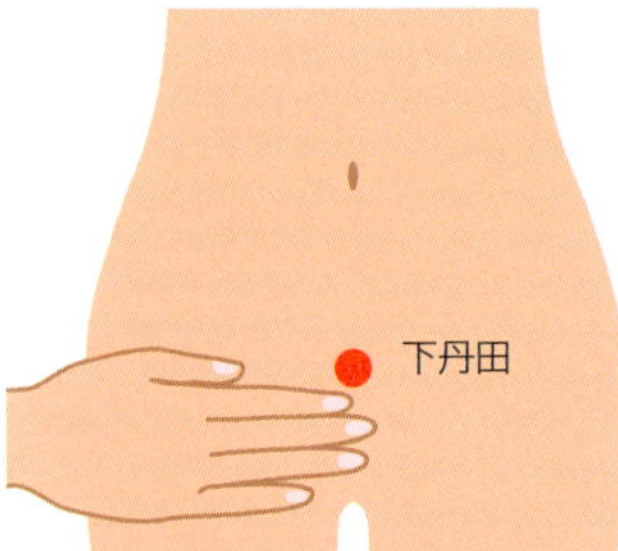

は、つきたてのお餅のようなやわらかさがありますが、介護を必要としている人は、おなかも硬いのが特徴です。それをどうやってゆるめていくかを相手に教えることも大切です。おなかは、体調、そして、心が安定しているかどうかを表すバロメーターなのです。

一方、背中側をみると、体は背骨を柱として中心をつくっています。

健康な人の体は、骨盤が背骨のバランスをとっています。骨盤がしまっていると、腰が自然に入り、背骨がきれいなS字カーブを描きます。S字カーブのアーチは、背骨に強い力が加わったときにバネの力でやわらかく分散する役割を果たします。しかし、体がくたびれてくると、このS字カーブが崩れて、力をうまく受け流せなくなります。

健康な人の体は、一日使って疲れても、

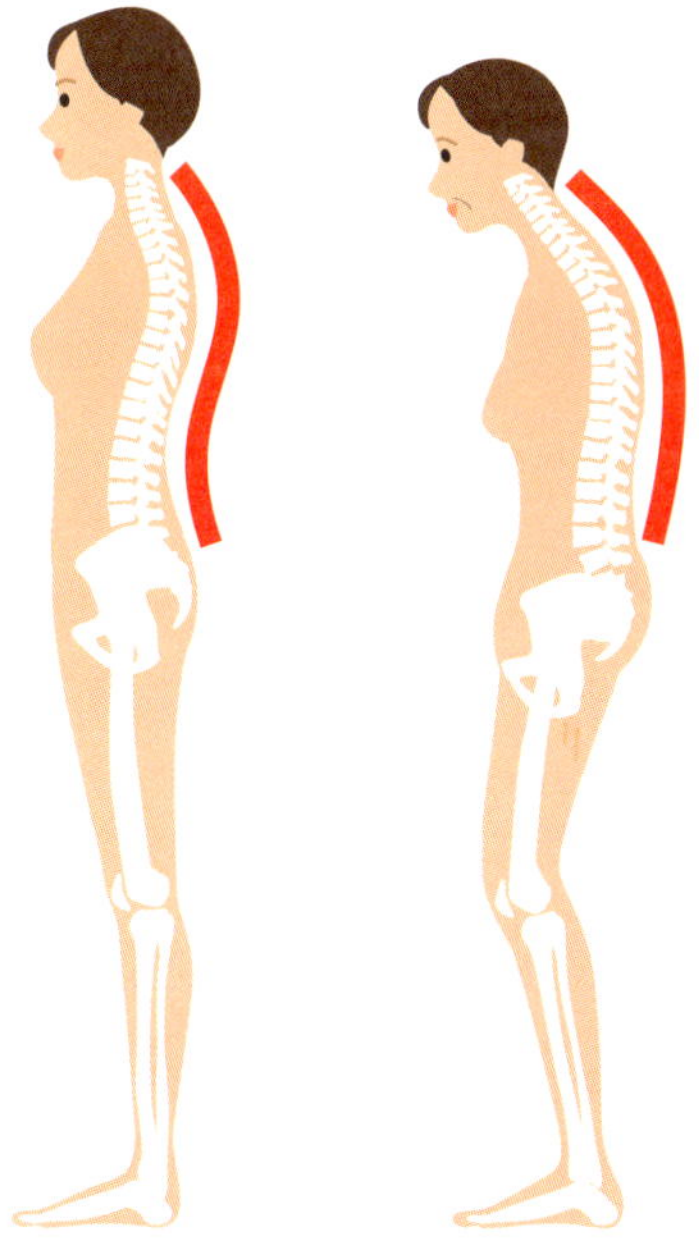

入浴したり、体操をしたり、睡眠をとることで、体がゆるみ、翌日また元気に活動できます。しかし、S字カーブが崩れたままになると、疲れがうまく抜けなくなり、体の一部分に疲労が溜まります。すると、その部分と関係する背骨も硬くなります。人体力学的にみて、背骨の硬いところは、その人の負担のかかっている箇所を表しており、そこがゆるむと、体の中心がよみがえるのです。

生け花でも、最初に主となる部分をつくると、全体が美しくきまります。動物は、とかく尻尾で中心をつくります。人間の体も、いかにその人の中心をつくるかが、ラクに生活するための鍵となります。それは、介護の場面でも同じことなのです。

やさしく包み込むように手を添える

続いて、相手の中心を「つかまえる」方法についてです。

「つかまえる」とは、ただ触れているだけとは違います。「とらえる」といってもいいかもしれません。相手の中心をつかまえると、双方ともにピタッとした感じがします。つかまえているのだから、その感じがブレません。「つかまえる」とは、力を入れるわけでなく、やさしく包み込むように手を添えて、相手の中心をとらえるということです。

みなさんは、グデグデに酔った人を運んだ経験はありますか？　グデグデに酔った人は、中心に緊張感のあるピシッとした感じではなく、抱えても右に左にふらふらと姿勢が崩れ、移動させるのがむずかしいものです。具合の悪い人も、中心に力が集まっていないため、そういう人を抱えると、腕でも足でも重たく感じます。

反対に、中心に力が集まっている人の体は、持ちやすく、バランスもとりやすいはずです。同じ体、同じ手足なのに軽く感じる理由は、土台である腰や背骨が、しっかりその役目を果たしてくれているから。肩や首、股関節、ひざなどに余分な力を入れなくても、中心で体を支えられるので、動くときも、ラクにスムーズに動けます。

移動・移乗の介護をする際にも、同じことがいえます。相手の中心をつかまえることができれば、動作がスムーズになります。それが、「介護がラクになる」ということにつながっていくのです。

移動・移乗にいかす人体力学3つの技「密着」「ひねり」「腰を伸ばす」

相手の中心をとらえるだけでなく、介護する人も、自分の体の中心を意識してみてください。自分の中心に力があると、しなやかにバランス良く体を使うことができます。下肢や腰など下半身がしっかりと安定して、上体の力が抜ければ、動作にも無理がなく、体もラクになります。

たとえば、上半身に力が偏った状態では、荷物を持つ場合でも軸になるべき腰に力がないため、腕の力頼みになり、体に負担をかけてしまいます。そうならないためにも、バランスの良い状態で、上手に体を使うことが大切です。

介護を行うときも同じです。腰が入り、体の中心がしっかりしていると、肩、首、股関節、ひざなど、余分なところに負担がかからない。まるで、てこの原理のように、小さな力だけで、相手の動作をサポートできるのです。

さっそく、その具体的な方法を紹介します。移動・移乗の介護をする際、基本動作としてまずは覚えておきたい、「密着」「ひねり」「腰を伸ばす」という3つの技です。

基本の動き ❶ 密着

移動・移乗の動作をラクにする技が、「密着」です。相手の体勢と自分の位置から、力が抜けていちばんラクな密着の形を見つけます。「密着」することで、密着部位を支点に中心を意識して動作することができるため、相手の体ごと動くことができたり、相手と自分の中心をシンクロさせて移動することができます。

1 相手の体をできるだけコンパクトにし、相手の背骨にやさしく手を添えて大きく包み込むように密着する

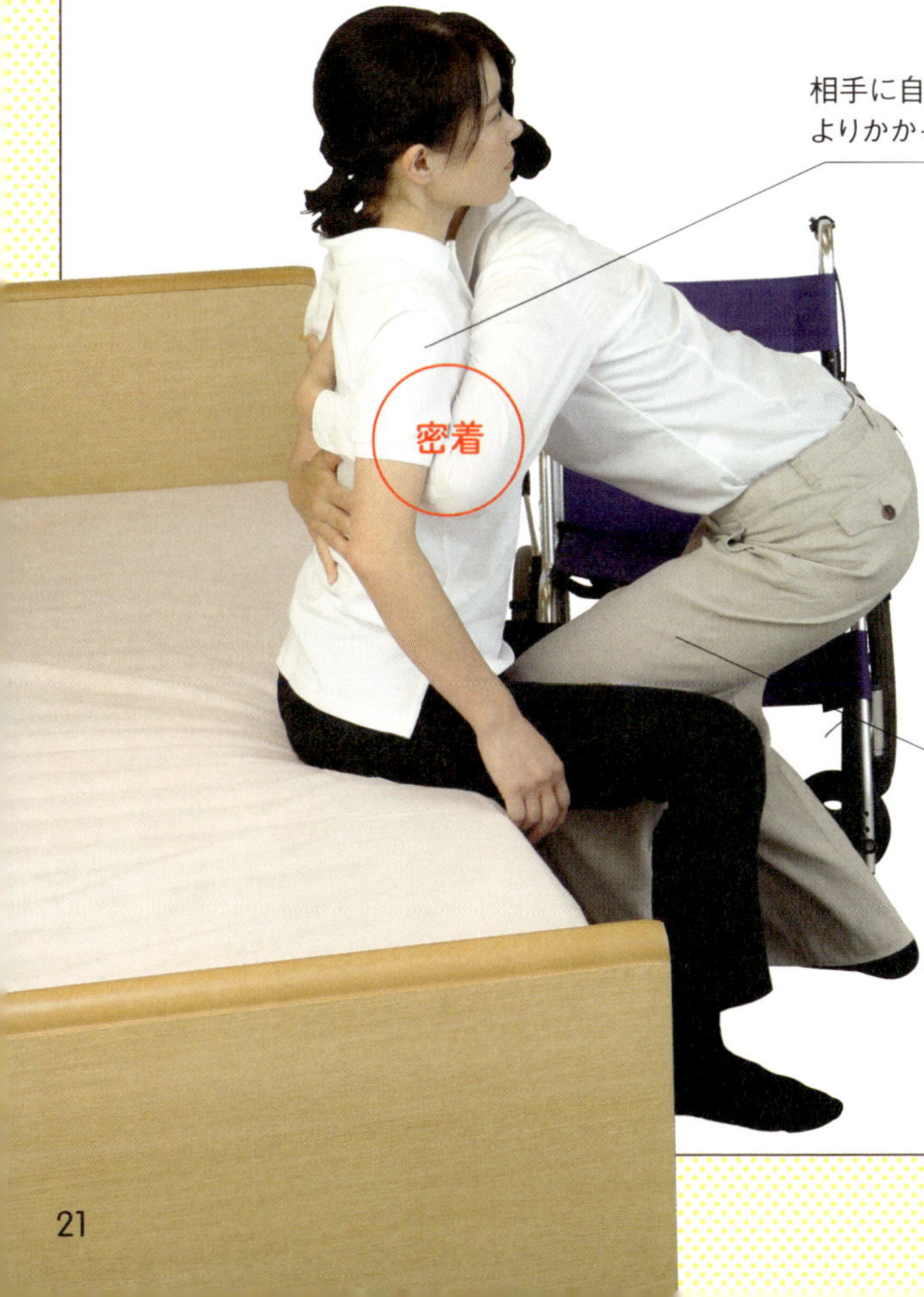
相手に自分のほうに
よりかかってもらう
密着
相手の足の間に自分
の片足を入れて半身
の姿勢をとると近づ
くことができ、次の動
作にも移行しやすい

基本の動き ② ひねり

移動・移乗の動作では「ひねり」という技もよく使います。ひねると中心に力が集まりやすく、ひねることで強い力が出せます。これは、ペラペラの1枚の紙よりも、同じ紙をねじって作るこよりのほうが、芯ができて強いのと同じ。介護を受ける側も、目的や動作を理解して協力できればさらにラクに動けます。

1 相手の体をほんの少しきゅっと抱えるようにして相手と密着し、自分の腰を少し引いて相手のお尻を浮かす

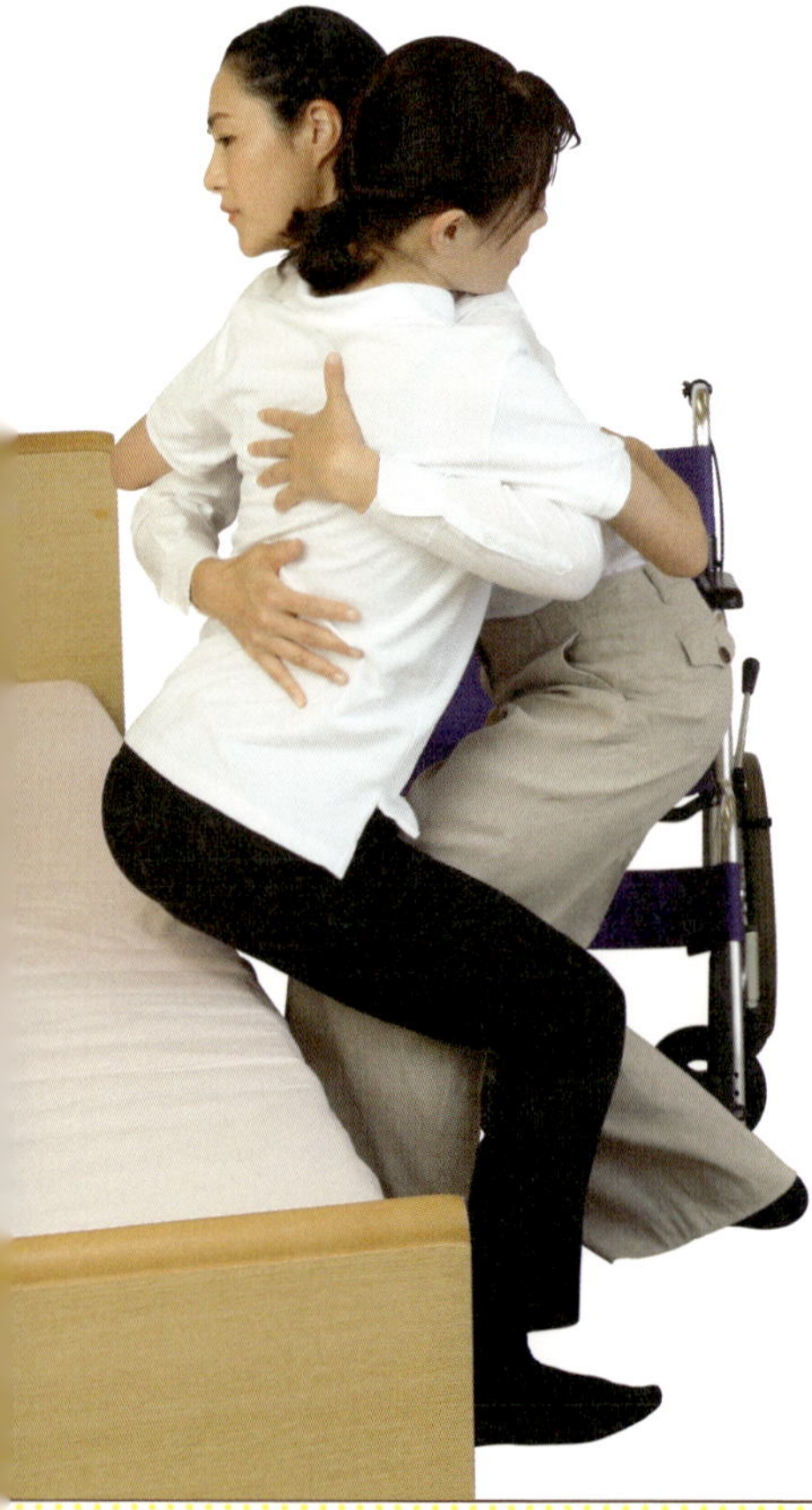

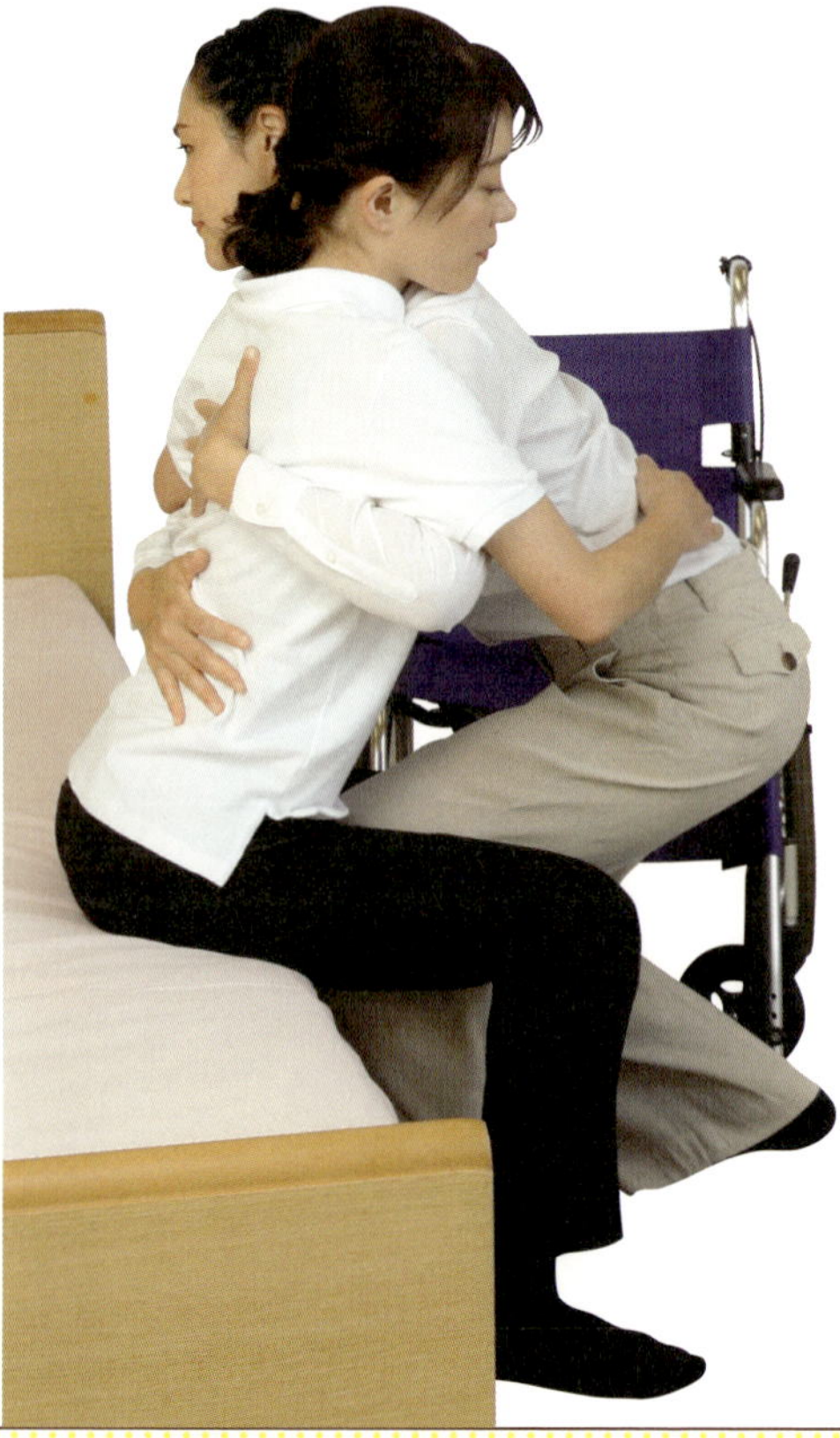

2 自分の腰を後ろに引きながら自分の腰を支点に相手の体を半回転させてひねる

腰を支点に相手の体を半回転させる
密着していると介護を受ける人もリラックスして身をゆだねられ、ひねり効果がしっかり発揮される
ひねり

基本の動き ❸ 腰を伸ばす

朝起きて気持ち良く伸びをする感じで、腰を伸ばします。腰（腸骨）は体の中でいちばん大きな関節で、腰を軸にして動作すると、全身の力をひとつにまとめて上手に活かせます。介護する人、介護を受ける人、ともに腰が伸びていると、小さな力でお互いにラクに動作ができます。

1 相手の体をほんの少しきゅっと抱えるようにして相手と密着し、自分の腰を少し引いて相手のお尻を浮かす

2 腰のアーチを意識しながら、ゆっくり立ち上がるようにして自分の腰と相手の腰を伸ばす

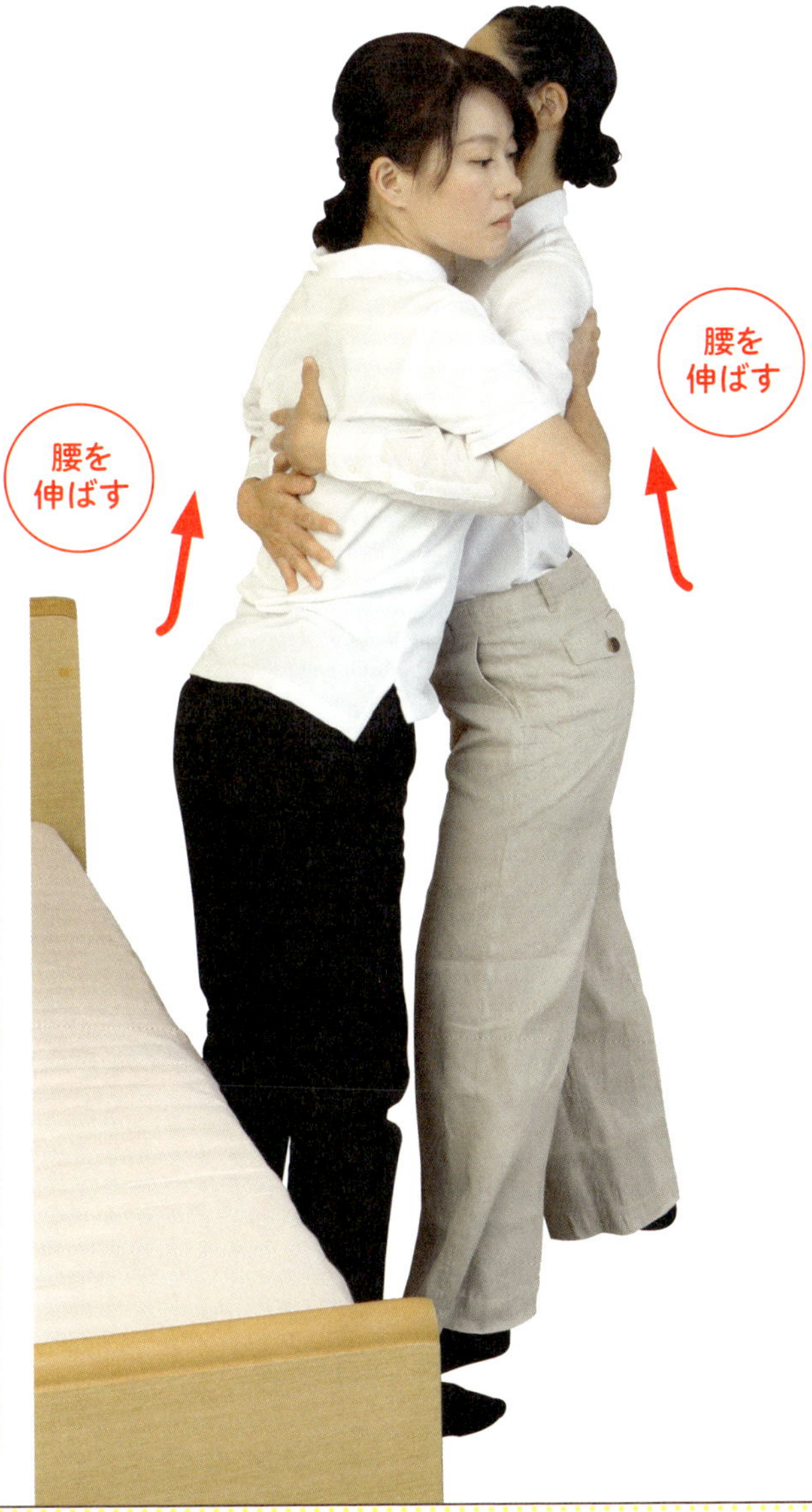

整体スクワット
……112ページ参照

腰を伸ばすという動作は、「整体スクワット」の要領で行います。112ページを見て、腰を伸ばす動きを身に付けておきましょう。

二人で息を合わせ、力を連動させて行う介護の基本動作

スムーズに移動や介護をするためには、介護をする人と介護を受ける人が、息を合わせ、力を連動させる必要があります。無理な移動は、ときに双方ともに危険を伴うこともあります。人体力学的介護術のテーマは、主役は、介護を受ける側であるということ。介護が必要になった人が、自分で自立しようとするための介護であることが大切です。

介護する側が一方的に助けてあげるのでは、相手の自立を駄目にしてしまいかねません。それを防ぐためにも、介護を受ける側も、普段から体の中心を意識して、体操や動作を心がけてほしいと思っています。すると、元々体に備わっている、生きる力が発揮されて、体も健康になります。中心に力が集まっていれば、いちばん理にかなった、体の使い方ができます。そのため、寝ていることも、座っていることも、呼吸することも、みんなラクにできるようになります。これは、介護を必要としているか否かにかかわらず、それだけで生活の質が上がるということです。

そこで、基本動作を紹介する前に、介護を受ける人が行う、準備運動を３つ紹介します。

介護を受ける人のための準備運動❶

足首回し

「ひねり」「腰を伸ばす」などの動作で、介護を受ける人の腰や背中が硬直していると、動作がスムーズに進まず、介護を受ける人にとっても負担となります。体の「首」とつくところ（腰首、手首、足首、首）は互いに影響し合っています。足首を回すことで腰首（体の土台となる腰）がゆるみ、腰がゆるむと背骨の硬直もゆるみます。

1 足を腰幅に開いて仰向けになる。両足首を右回し、左回し、つま先を伸ばしたり、起こしたりする

※それぞれ3～5回行う

サポートが必要な場合

介護する人が、外くるぶしと内くるぶしの下をはさんだ状態で、介護を受ける人が自分で足首を回す。

※筋肉が硬直している場合は力を入れて無理にやってもらうとつる場合があるので注意。少しずつ行う

介護を受ける人のための準備運動❷

腰に力を集める体操

介護を受ける人も腰に力を集めることで、「ひねり」「腰を伸ばす」などの動きがやりやすくなります。腰は、2足歩行である人間の体の動きの中心となるところ。この箇所に力が集まっていると腰が自然に伸びてバネの役割を果たすため、上体の余分な力が抜けます。足腰のバネができるため、下半身も安定します。

1 仰向けになり、片ひざを立てかかとをできるだけお尻に近づける

2 ひざを少しだけ内側に倒した状態で足を伸ばしていく

ひざは内側に少し倒す

3 もう片方の足も同様に行ったあと、最後に、両足同時に行う

※それぞれ1～2回行う

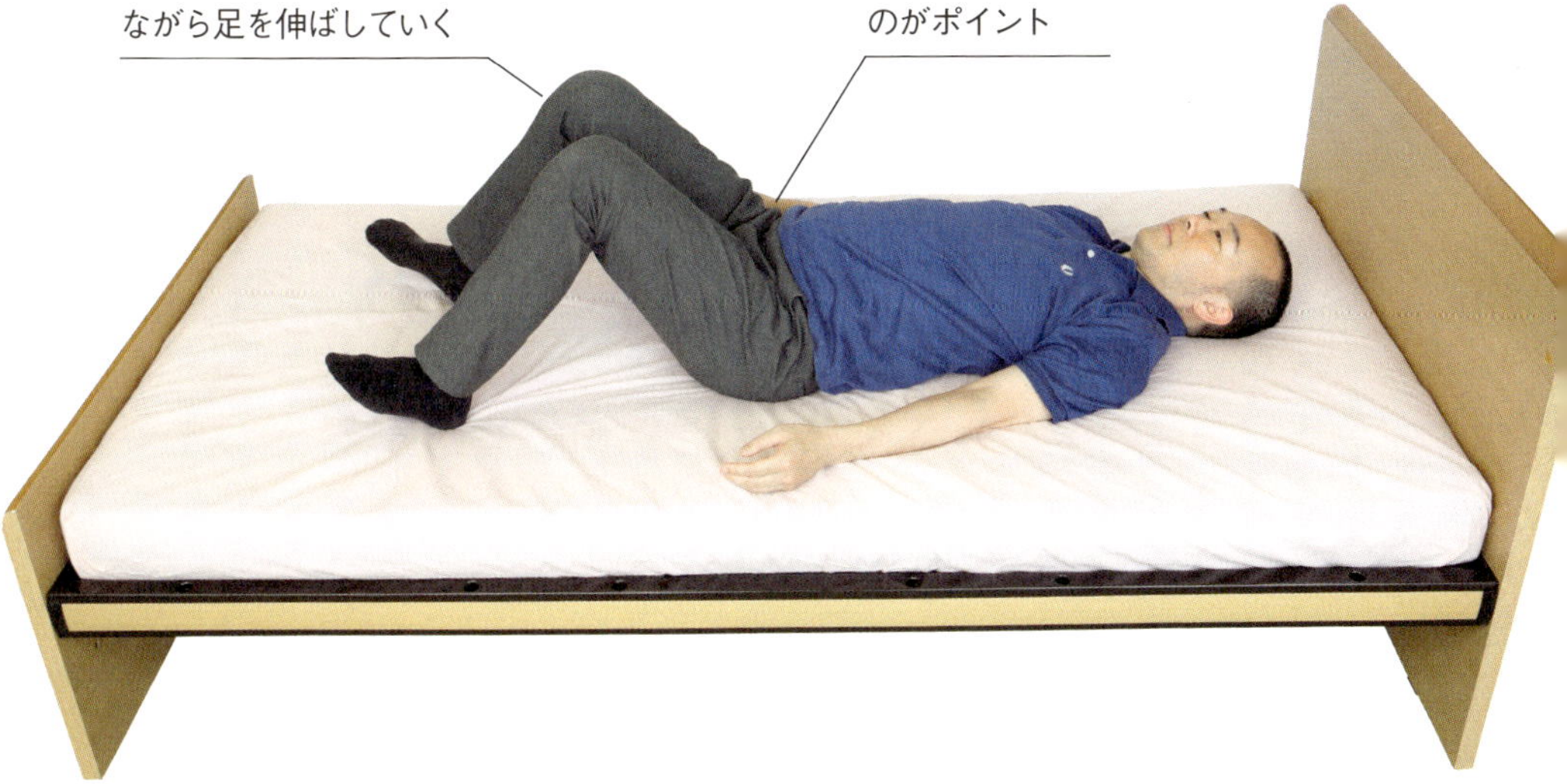
両ひざをできるだけ合わせながら足を伸ばしていく
腰に力が集まるのがポイント

介護を受ける人のための準備運動❸

胸の前を伸ばす体操

高齢者の体形は、腰が下がって前屈し、両肩が前に出て、胸が縮んだ状態になっています。意識して胸を少しずつ伸ばすことで、首・肩の緊張がとれ、嚥下や呼吸がラクになります。胸が伸びて前屈の姿勢が解消され、自然に腰のアーチもできてくるため、「密着」「ひねり」「腰を伸ばす」の動きがやりやすくなります。

1 いすに座って、両手でいすの座面を持つ

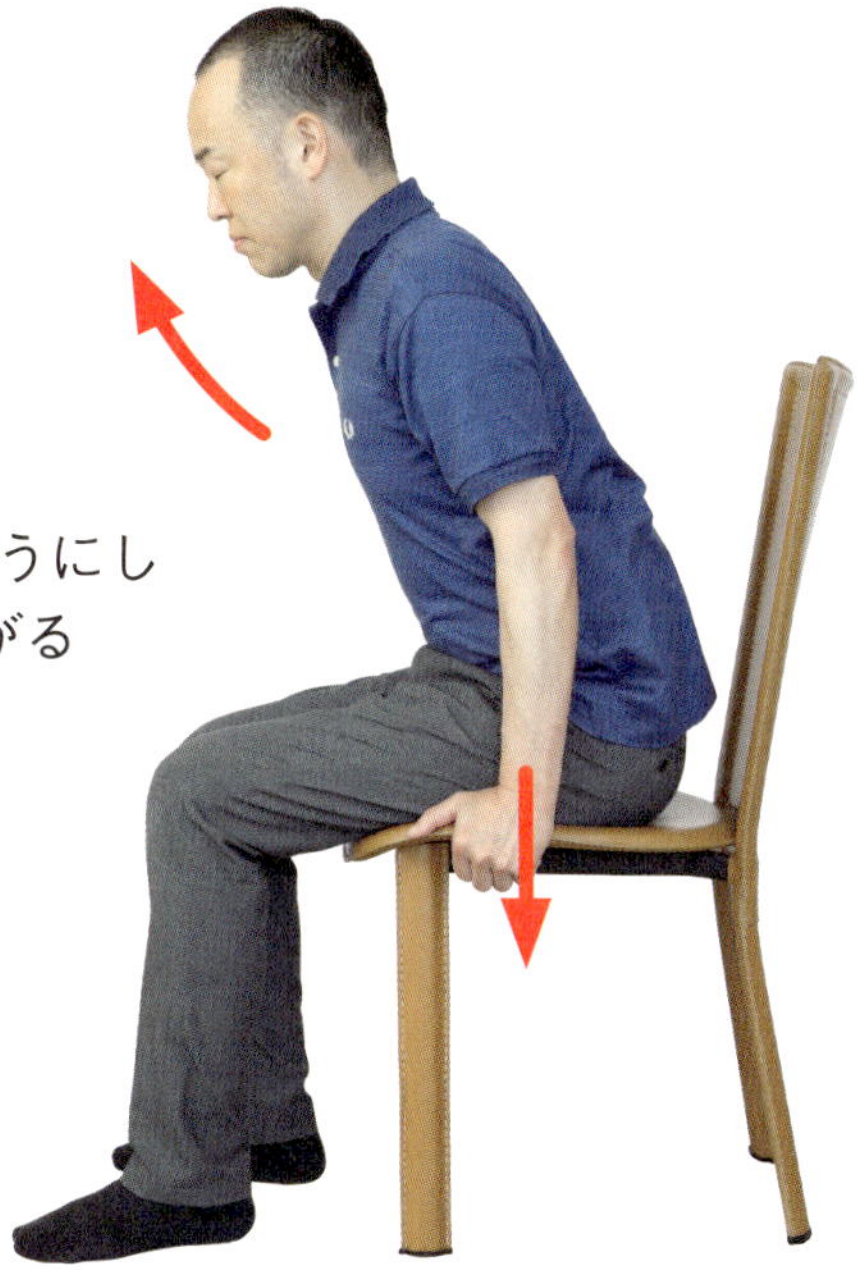

2 座面を押すようにしながら伸び上がる

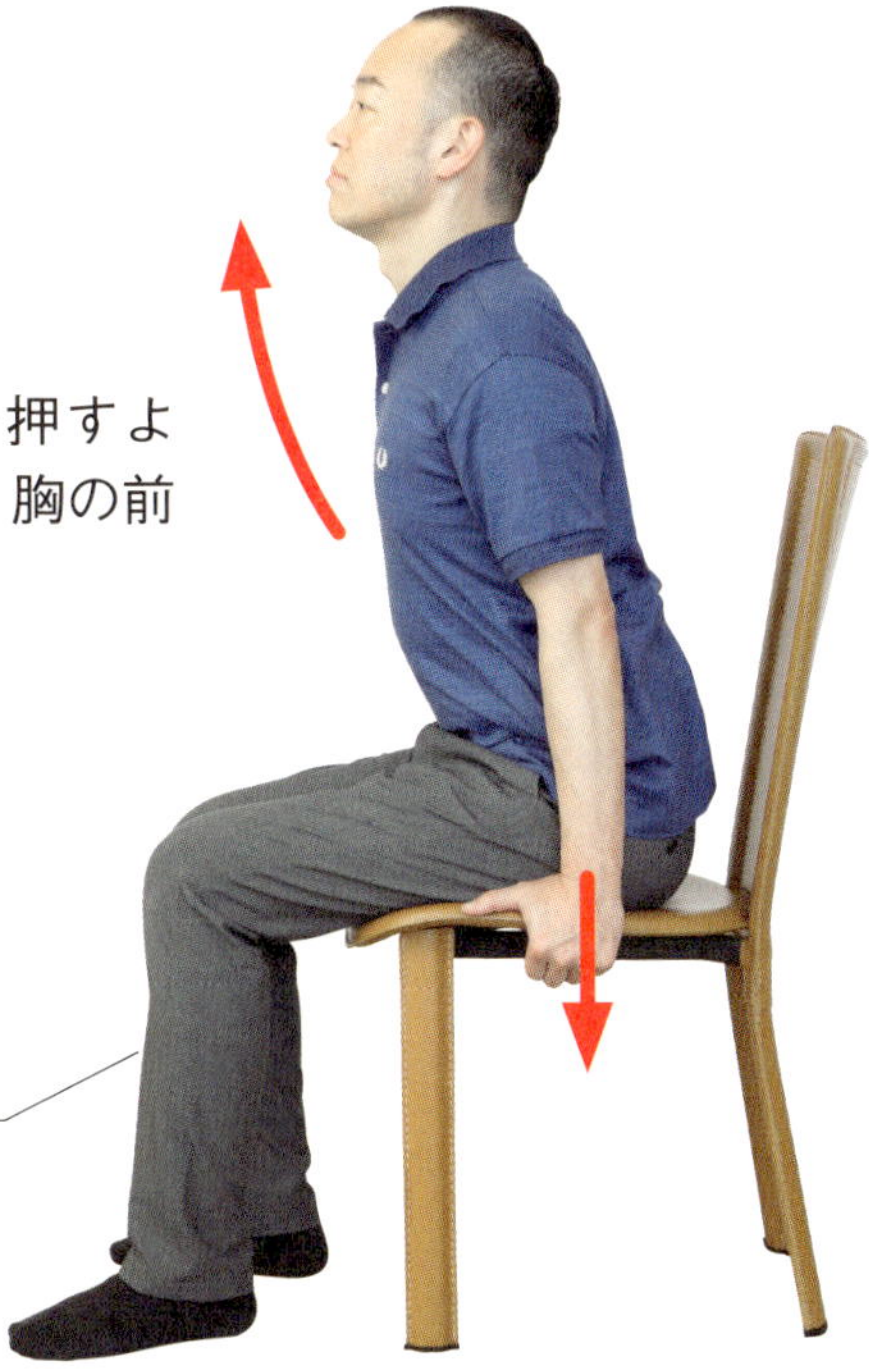

3 さらに座面を押すようにしながら、胸の前を伸ばす

※3～4回行う

ベッドに座って行うと不安定なので、いすに座って行う

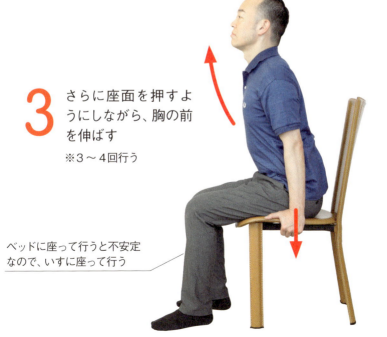

基本動作1

ベッドで寝ている人の上体を起こして、座らせる

仰向けの姿勢から、上体を起こしてベッドの上に足を伸ばして座るまでの動作を介助します。相手と目線を合わせ、声をかけてから始めましょう。

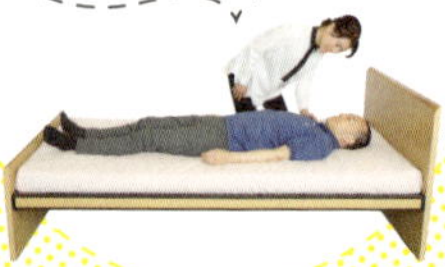

1 相手の体をコンパクトにする。相手の向こう側のひざを立てて少し内側に倒し、両腕をおなかの上でクロスさせる

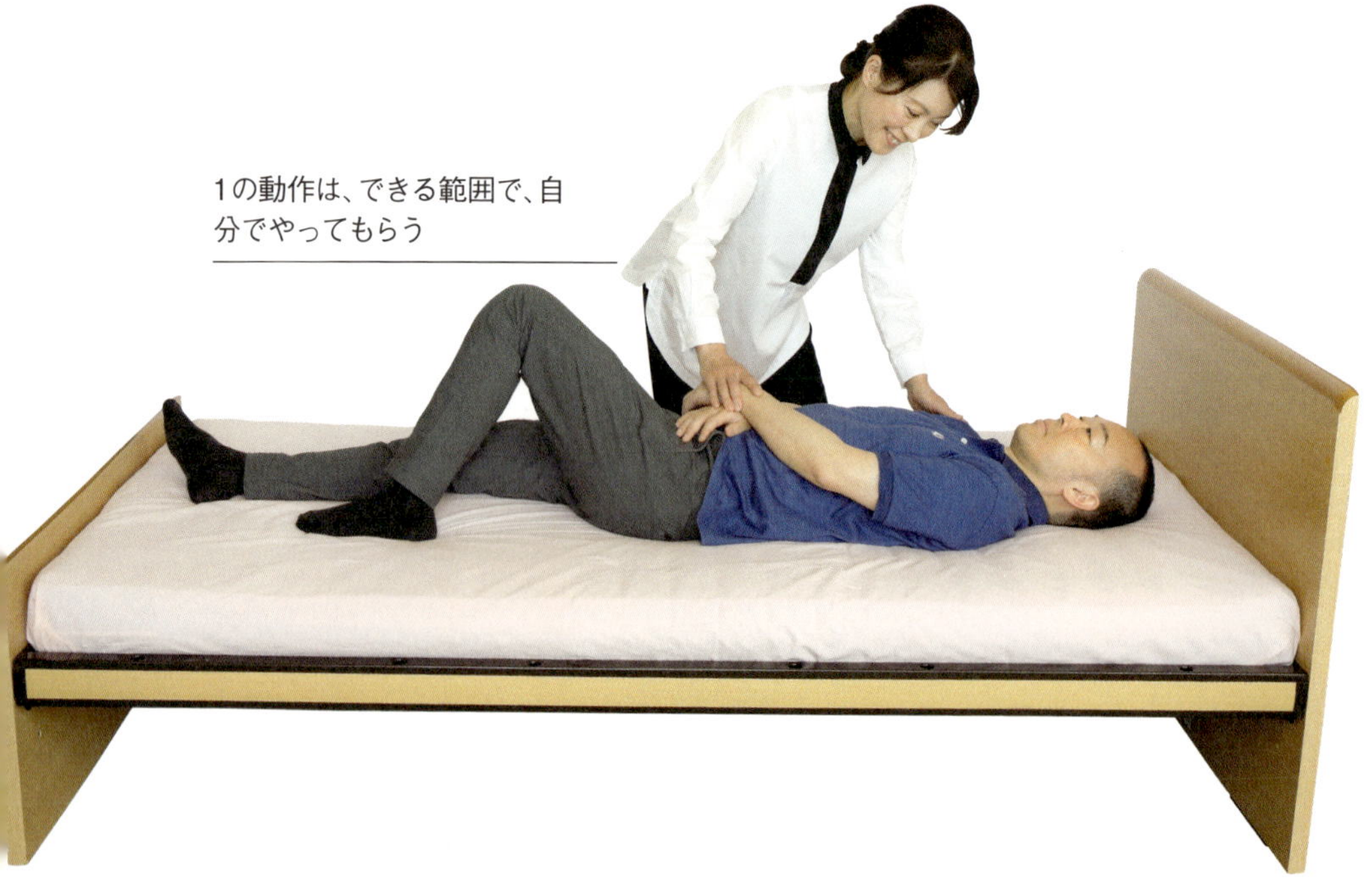

1の動作は、できる範囲で、自分でやってもらう

2 ひざをベッドに着け、手を相手の肩から首にやさしく添えて、密着する

密着 大きくやわらかく相手を包み込むイメージで、しっかりと近づく

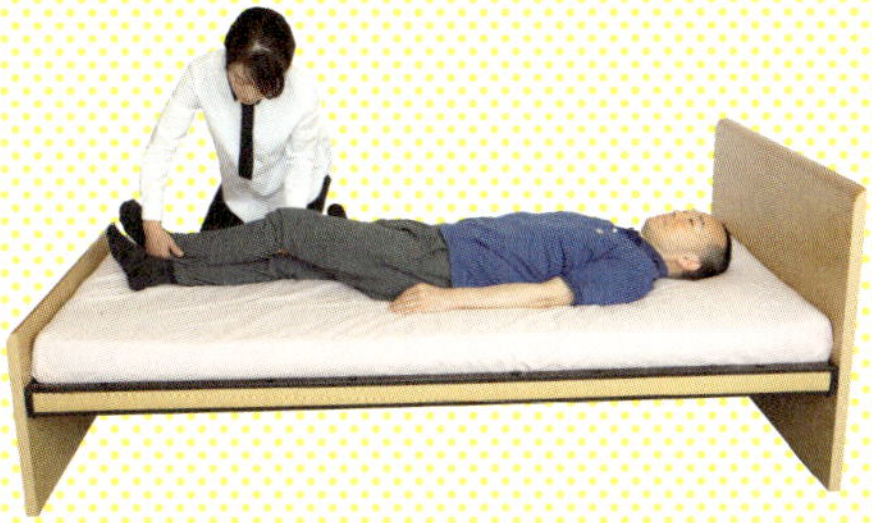

相手がひざを立てられない場合は、最初に両足を組んで体をコンパクトにする

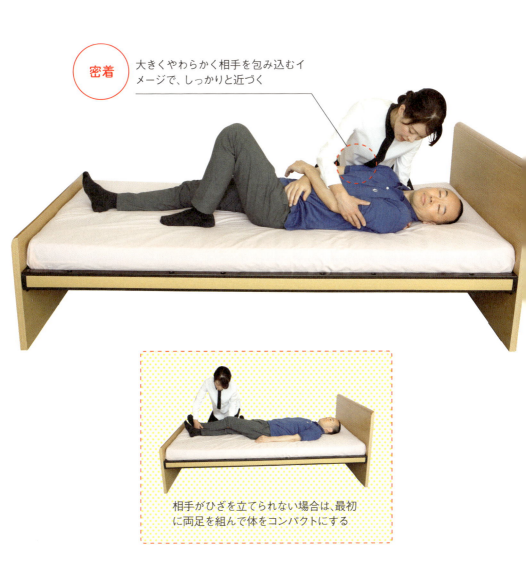

3 相手の向こう側の肩からひじに手を滑らせながら、ひじを軽く手前に引くようにして上体を起こしていく

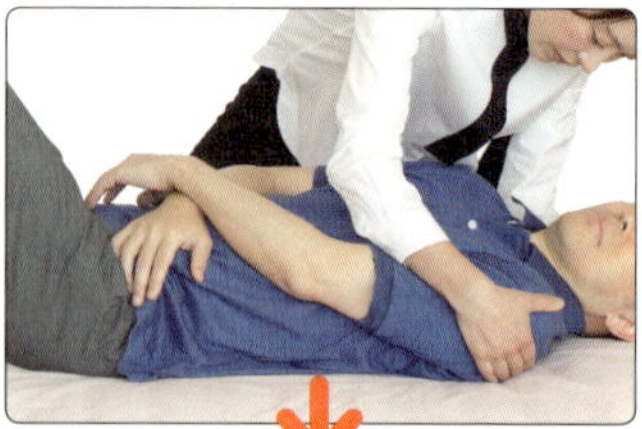

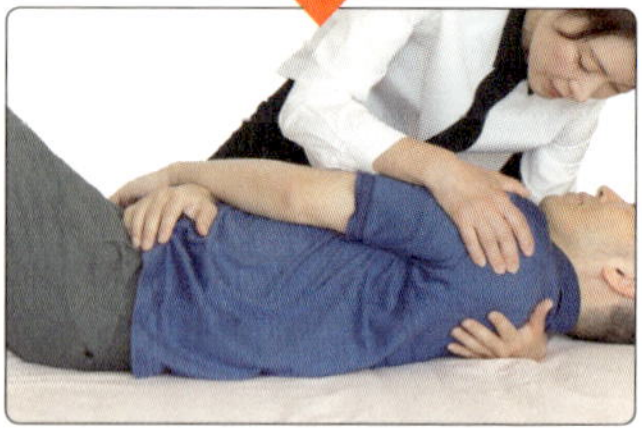

肩からひじにかけて、自分の手を滑らせながら起こしていく

ひじを軽く手前に引くようにしてひねるのがポイント。中心に力が集まりやすくなる

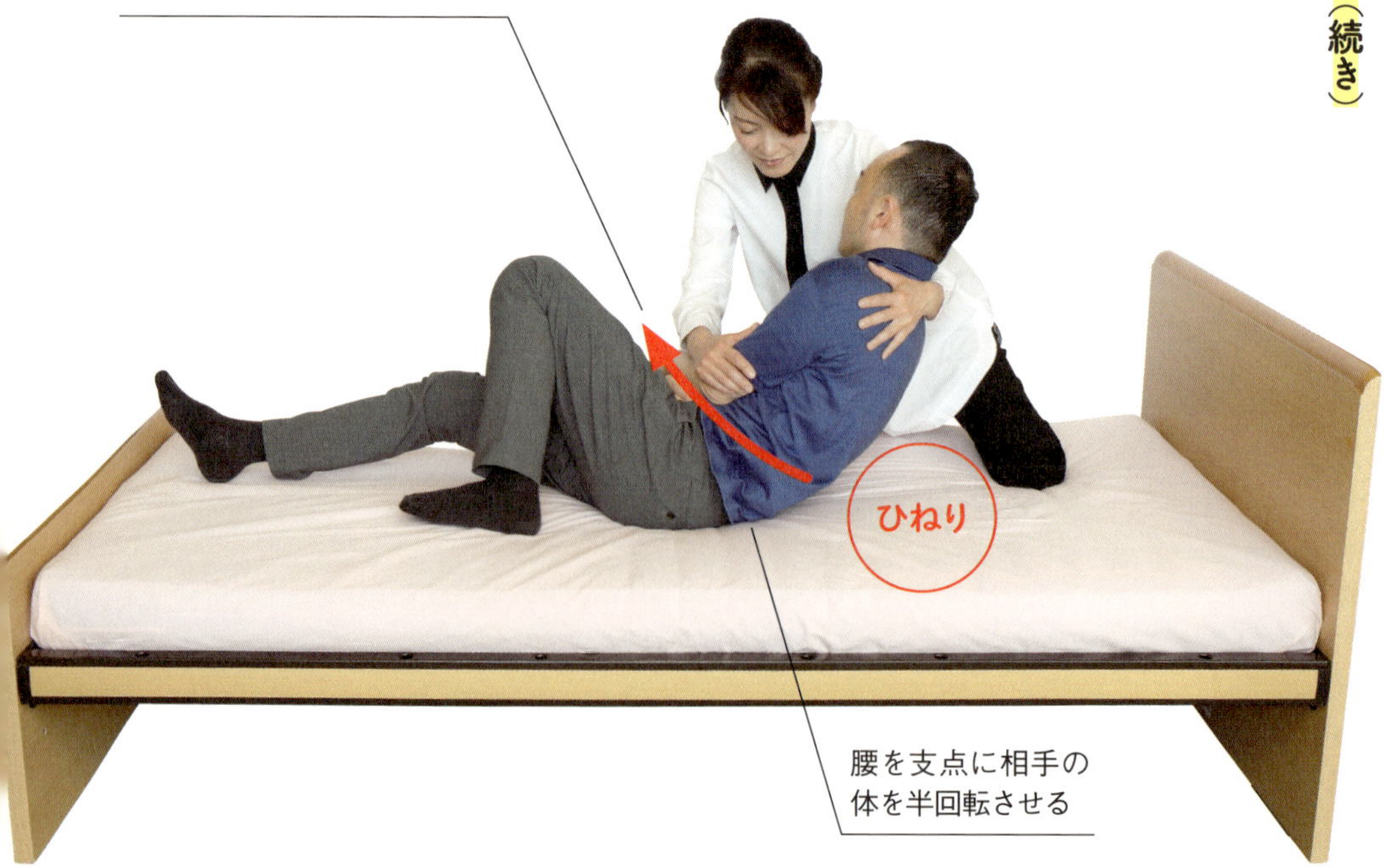

腰を支点に相手の体を半回転させる

4 腰を伸ばすようにして、相手の上体をさらに起こし、座らせる

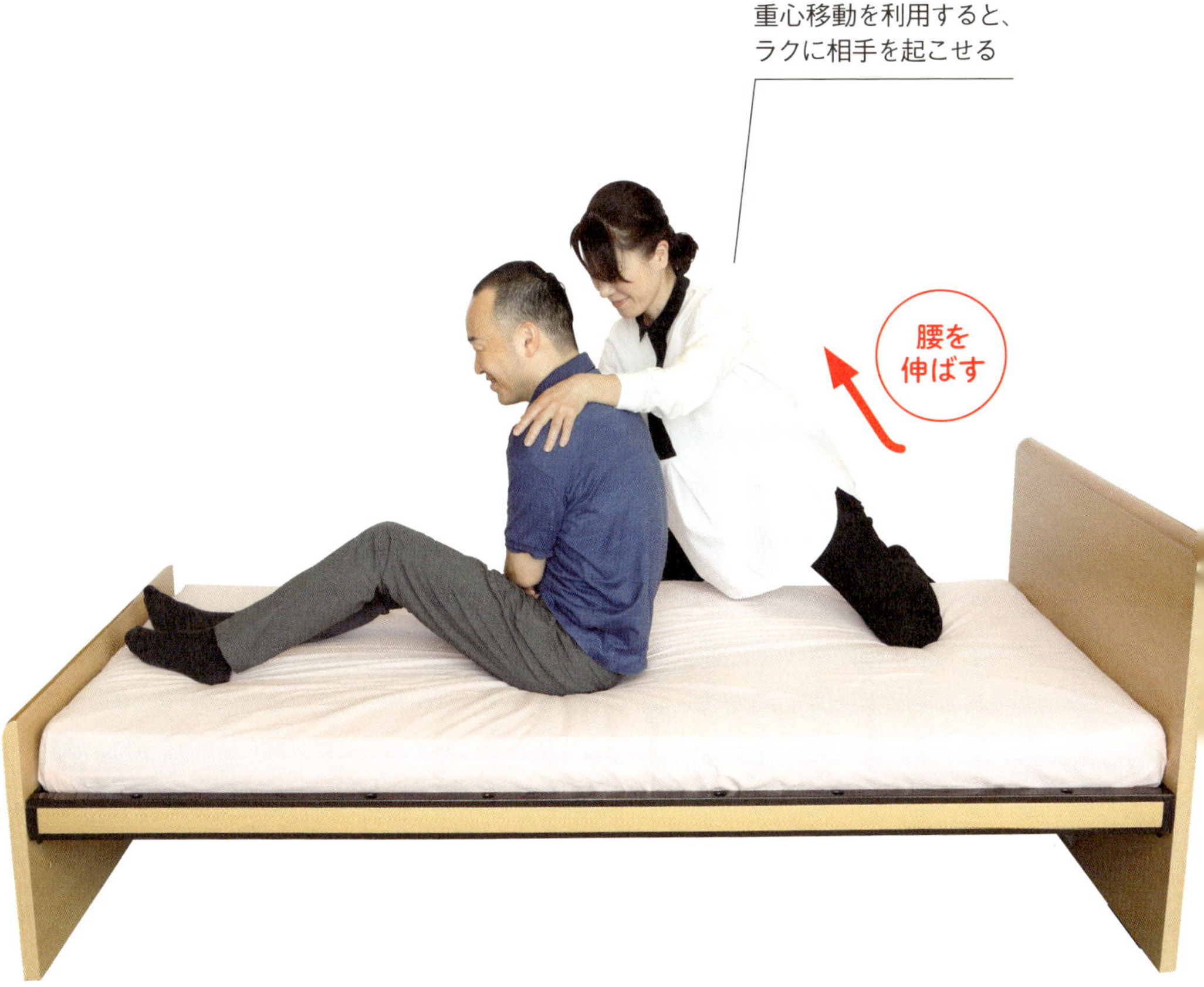
重心移動を利用すると、
ラクに相手を起こせる
腰を
伸ばす

基本動作 2

布団で寝ている人の上体を起こして、座らせる

布団で寝ている人の上体を起こして座るまでの動作を介助します。手順は、基本動作①と同じです。声をかけてから始めましょう。

「○○さん、
体を起こしましょう」

1 相手の体をコンパクトにする。相手の向こう側のひざを立てて少し内側に倒し、両腕をおなかの上でクロスさせる

2 手を相手の肩から首にやさしく添えて、密着する

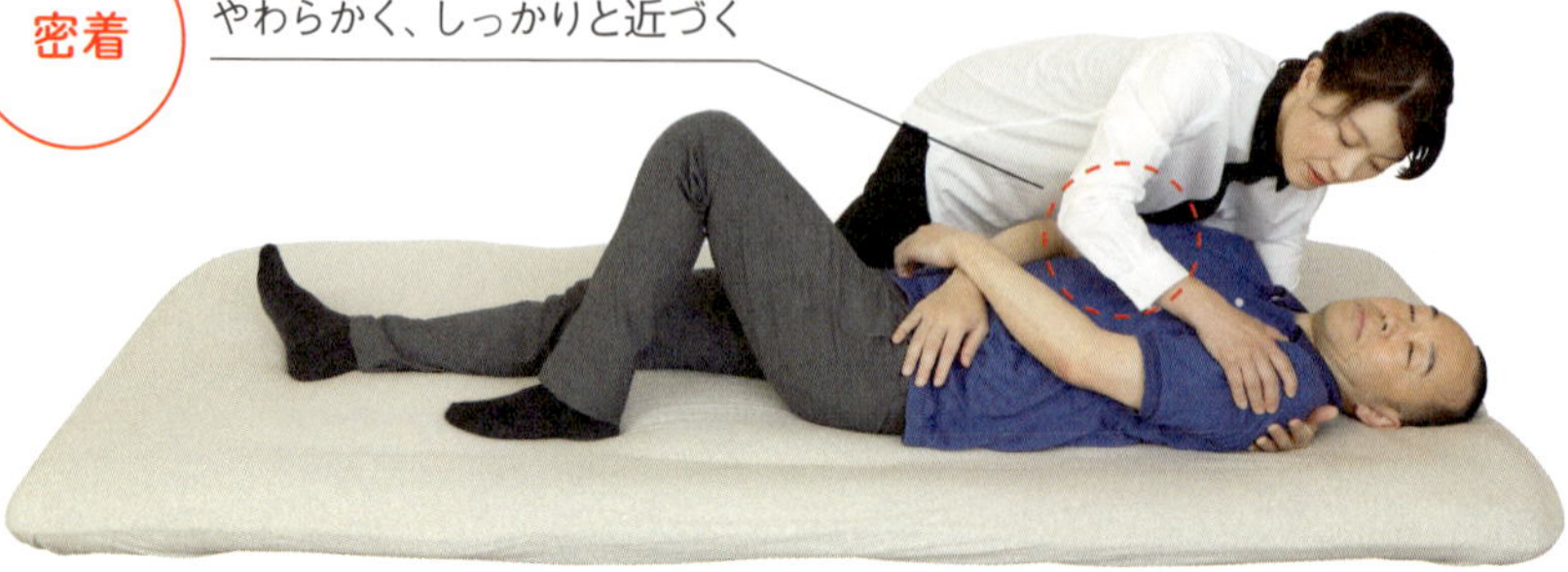
密着
やわらかく、しっかりと近づく

3 相手の向こう側の肩からひじに手を滑らせながら、ひじを軽く手前に引くようにして上体を起こしていく

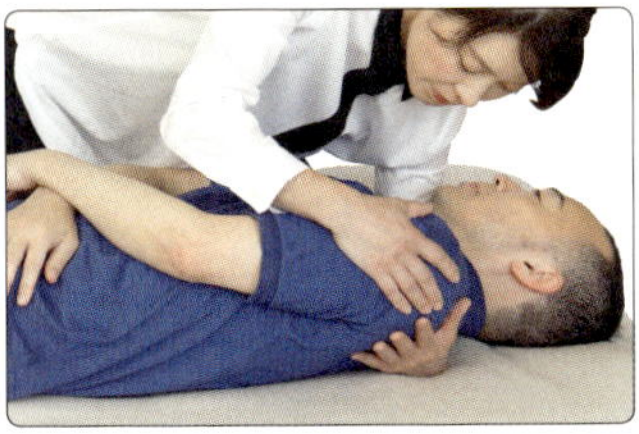

肩からひじにかけて、自分の手を滑らせる

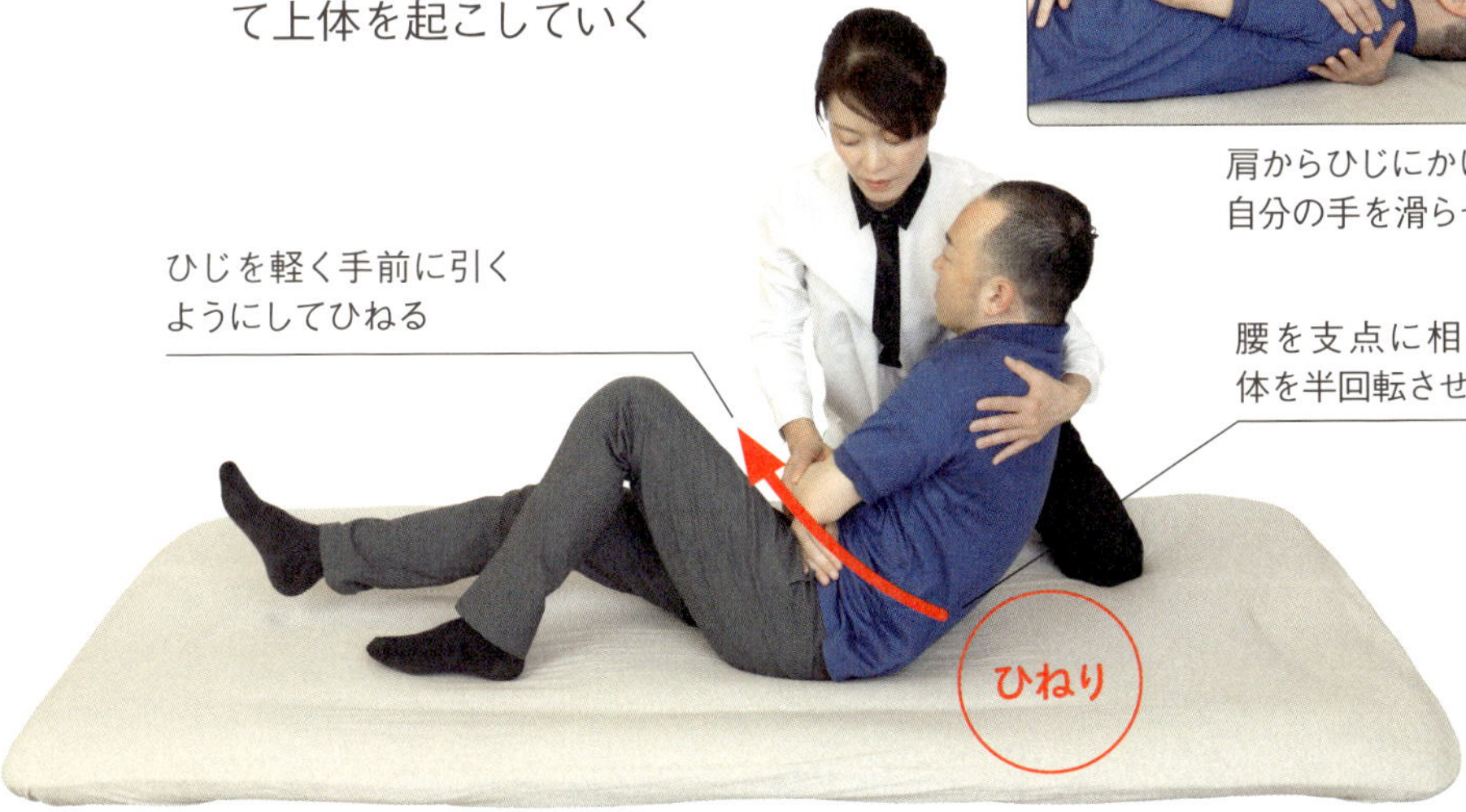
ひじを軽く手前に引くようにしてひねる
腰を支点に相手の体を半回転させる
ひねり

4 腰を伸ばすようにして、相手の上体をさらに起こし、座らせる

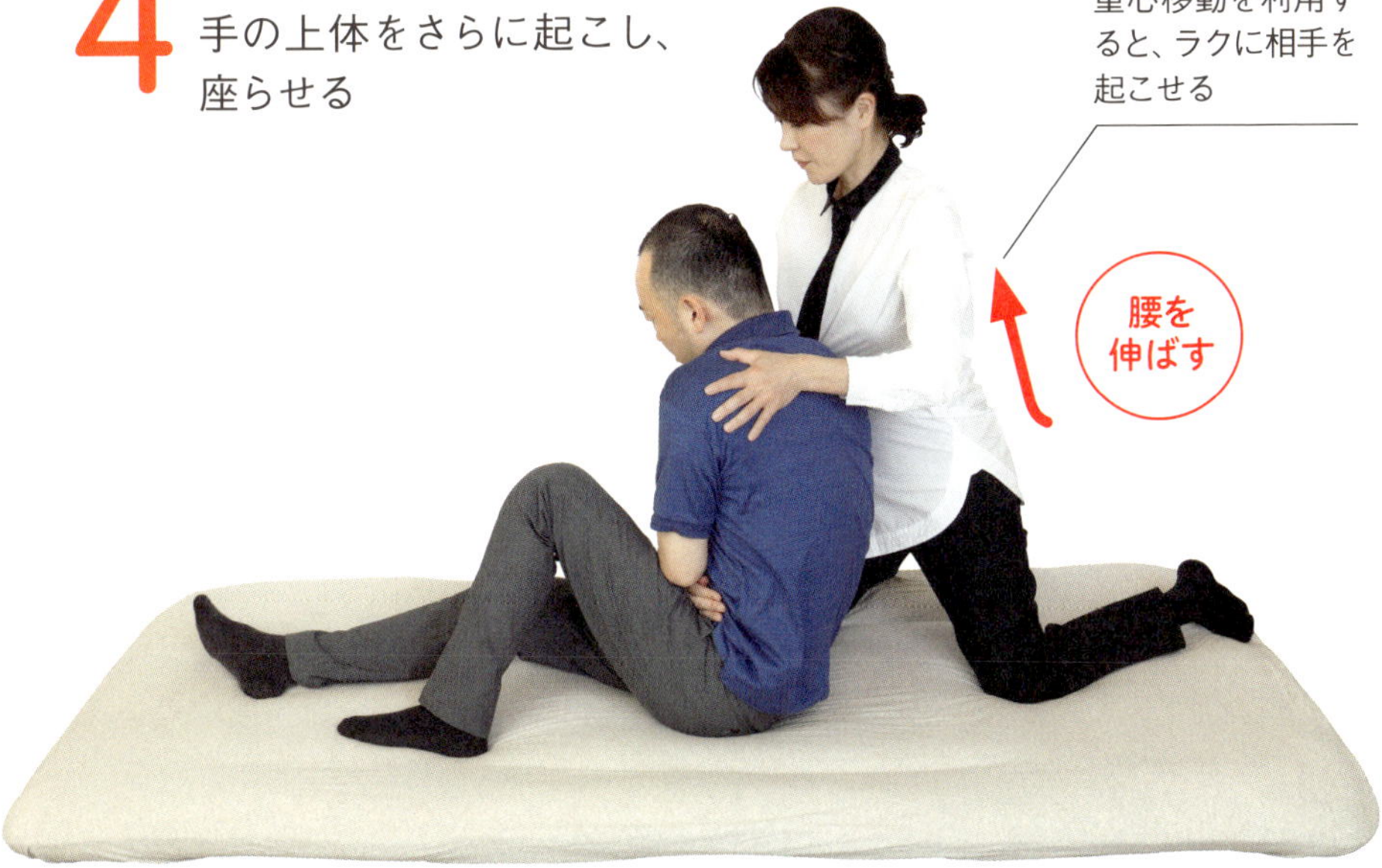
重心移動を利用すると、ラクに相手を起こせる
腰を伸ばす

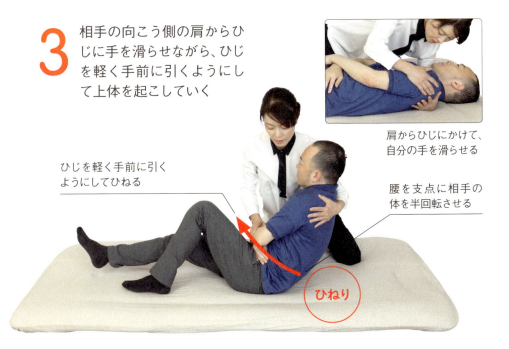

基本動作 3

ベッドで寝ている人を起こして、ベッドの端に座らせる

仰向けの姿勢から、上体を起こすまでの手順は、基本動作①と同じで、そこから、ベッドの端に座るまでの動作を介助します。声がけをしてから始めましょう。

「○○さん、これから体を起こして座ります」

1 相手の体をコンパクトにする。相手の向こう側の片ひざを立てて少し内側に倒し、両腕をおなかの上でクロスさせる

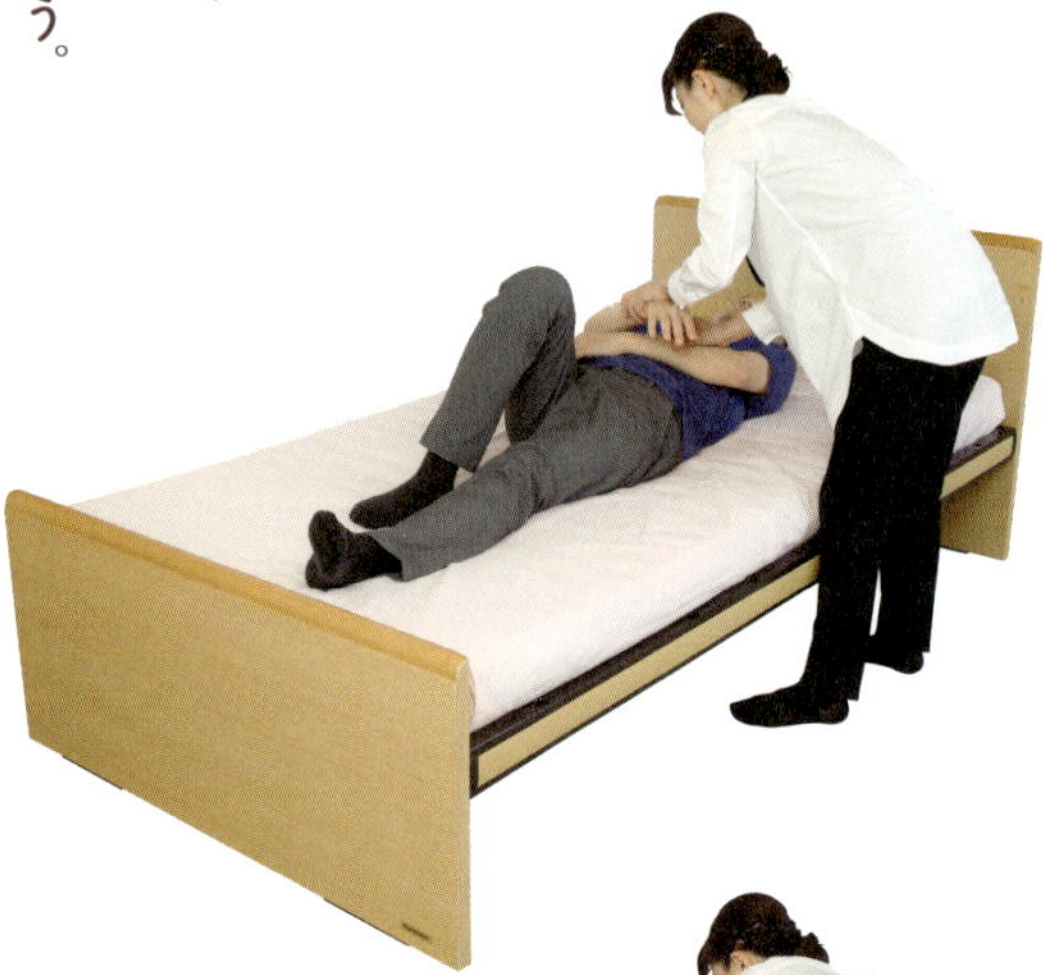

2 ひざをベッドに着け、片手を相手の肩から首にやさしく添えて、密着する

密着
やわらかく、しっかりと近づく

3

相手の向こう側の肩からひじに手を滑らせながら、ひじを軽く手前に引くようにして上体を起こしていく

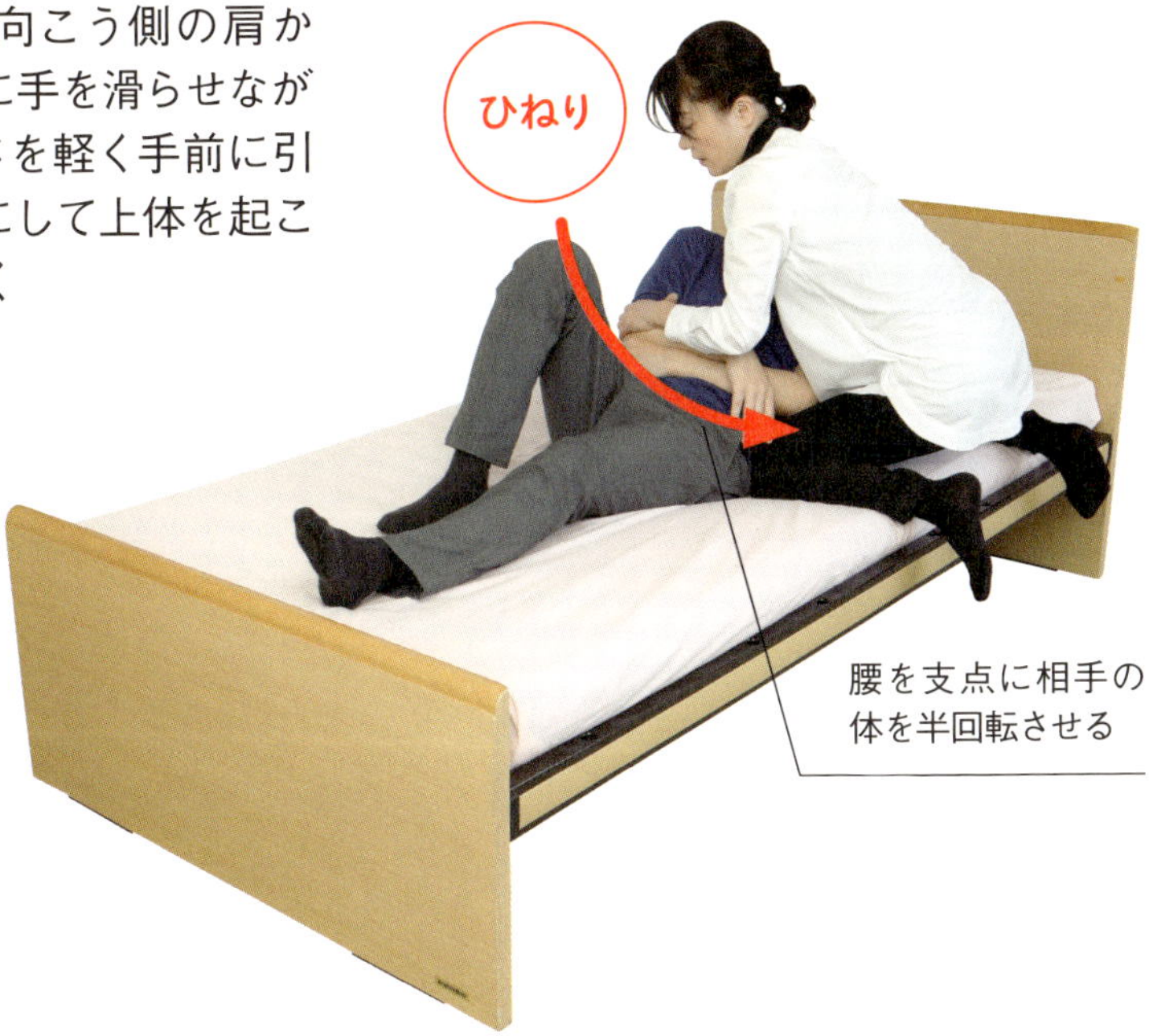
ひねり
腰を支点に相手の体を半回転させる

4

自分の腰を伸ばすようにして、相手の上体をさらに起こす

腰を伸ばす

5 片手を相手の肩から首に添えて密着する。もう一方の手を相手のひざの下に入れて太ももを軽く抱える

片足を床に下ろして姿勢を安定させる

6 ベッドに着いた自分のひざを軸に、半回転する動きを利用して相手の足をベッドから下ろす

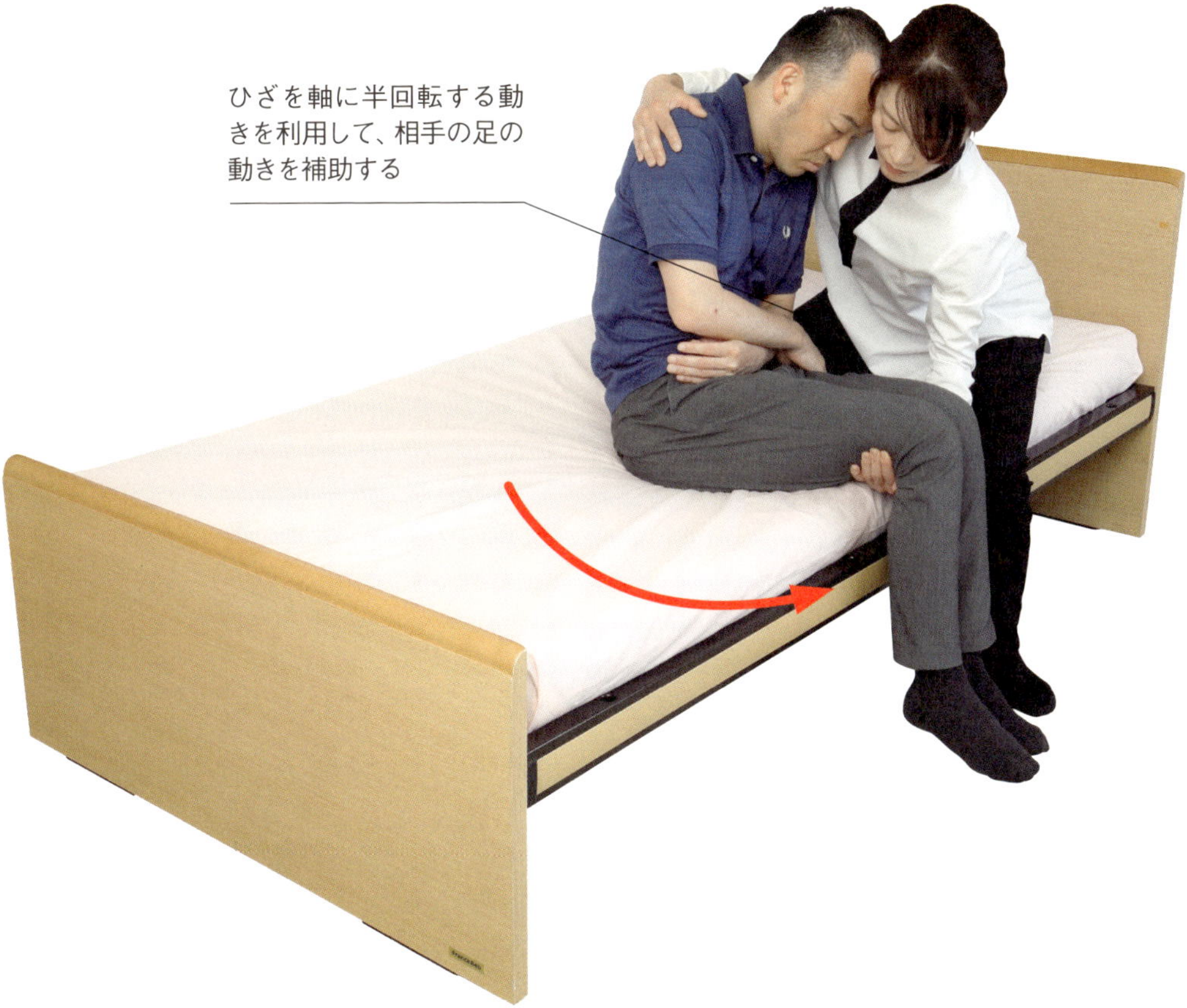

ひざを軸に半回転する動きを利用して、相手の足の動きを補助する

基本動作4

ベッドの端に座っている人を、仰《あお》向けに寝かせる

ベッドの端に座っている姿勢から、体を倒して仰向けの姿勢で寝るまでの動作を介助します。相手の斜め前に立って声をかけてから始めましょう。

1 ベッドに片ひざを着け、相手の斜め横に位置する。相手の背中に片腕を回す

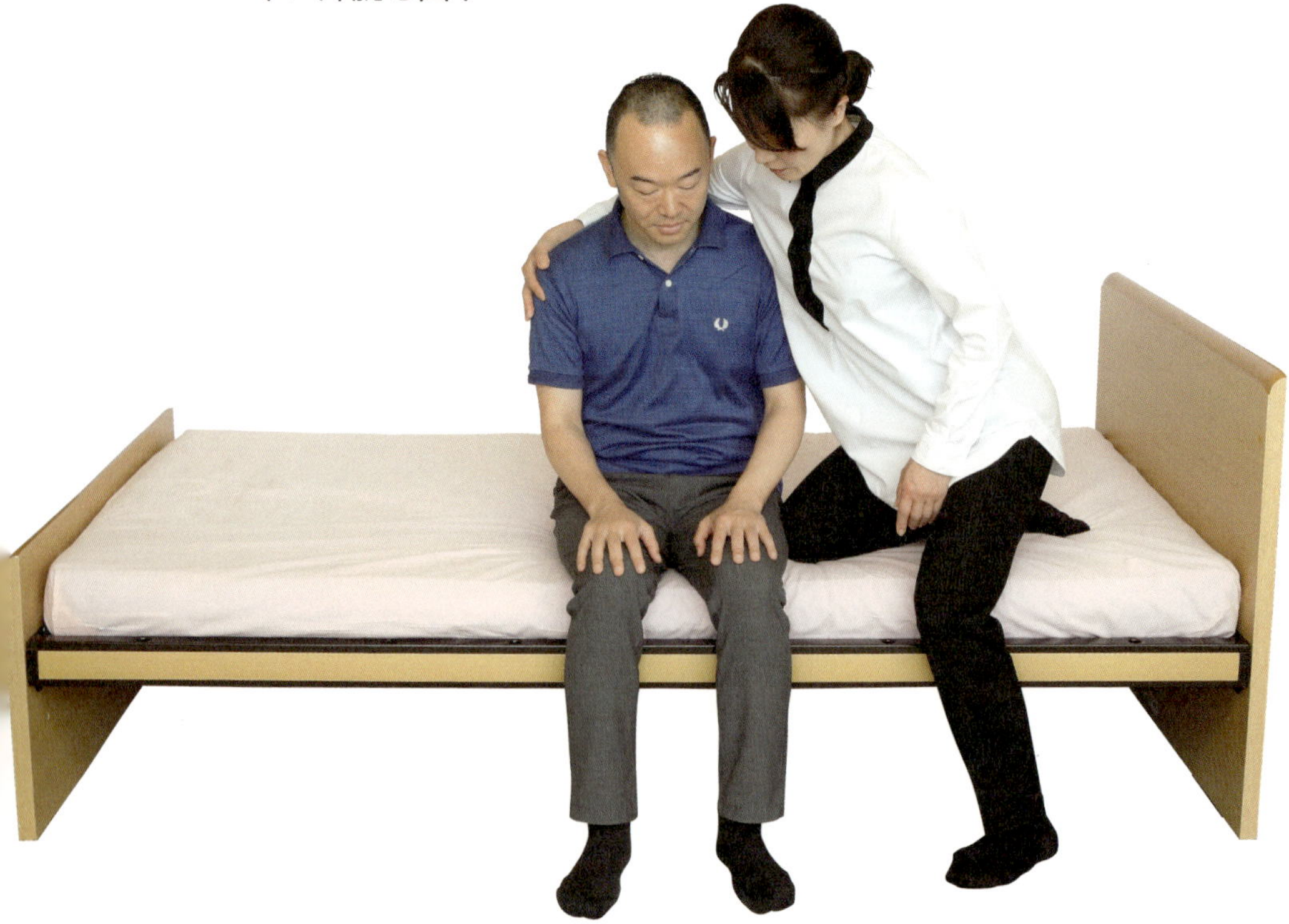

2 自分によりかかるようにしてもらう。両腕はひざの上でクロスさせる

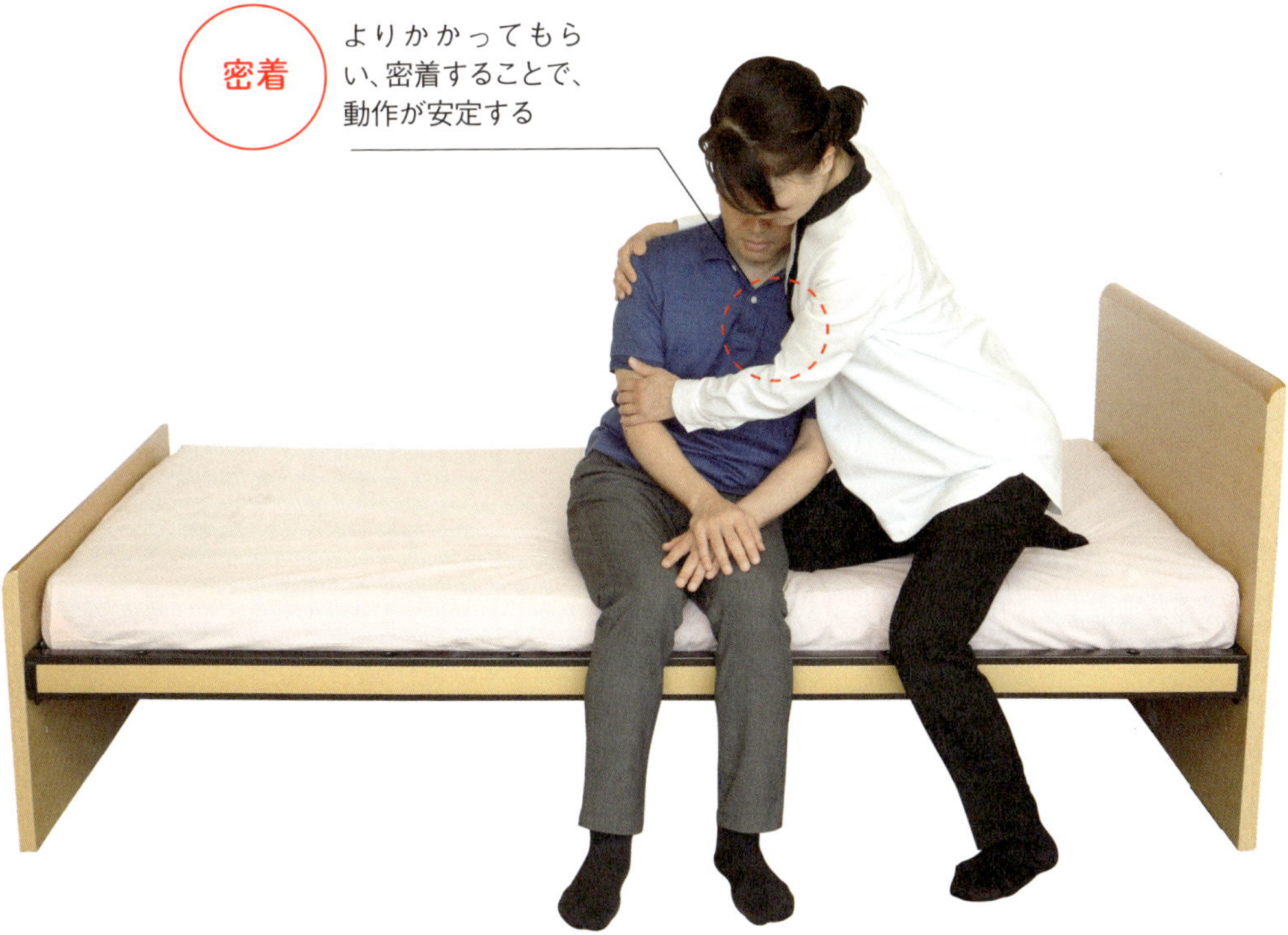
密着
よりかかってもらい、密着することで、動作が安定する

3 もう一方の手を相手のひざの下
に入れて太ももを軽く抱える

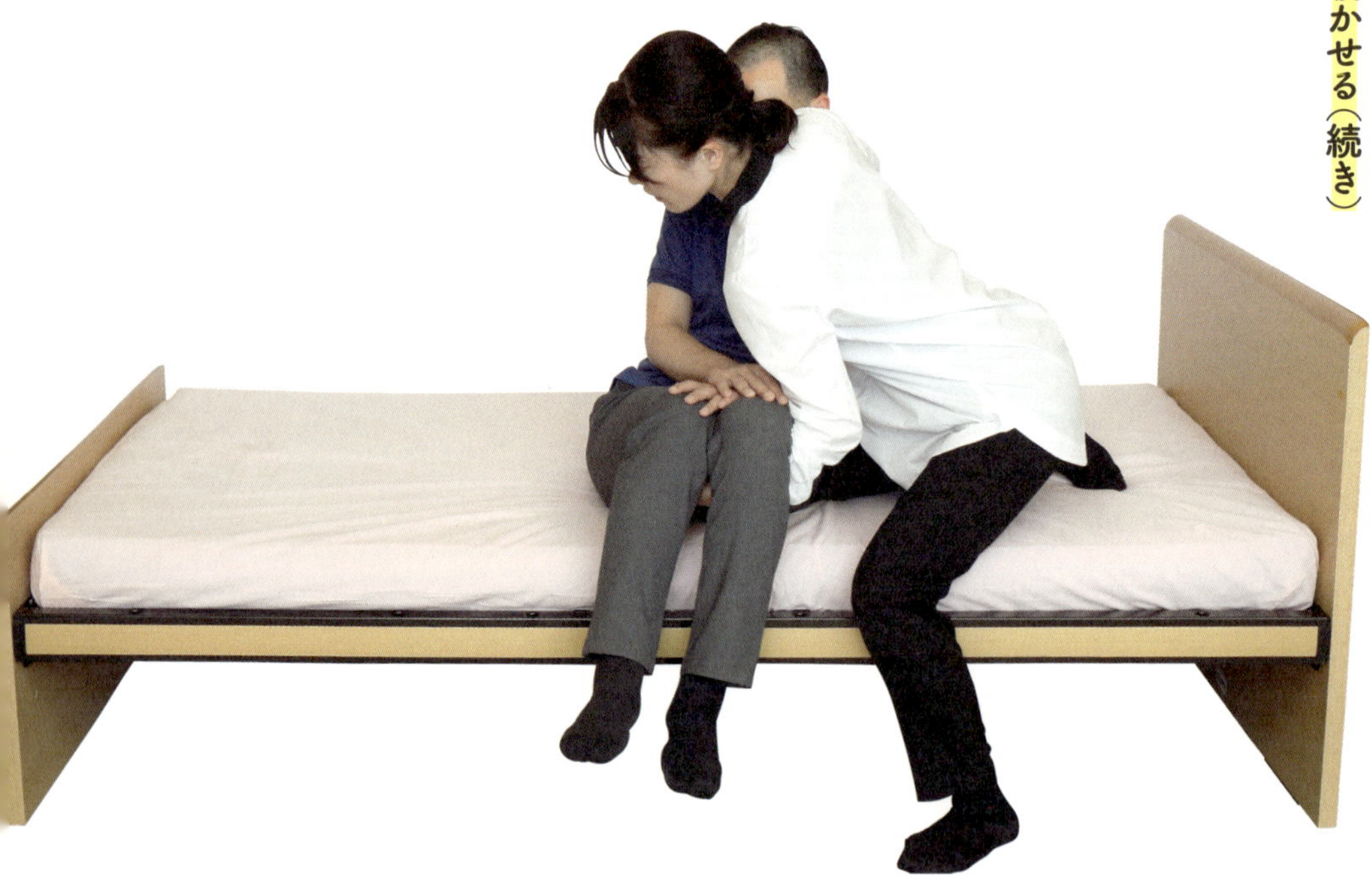

4 ベッドに着いた自分のひざを軸に、お尻を斜め後ろに引きながら、半回転していく

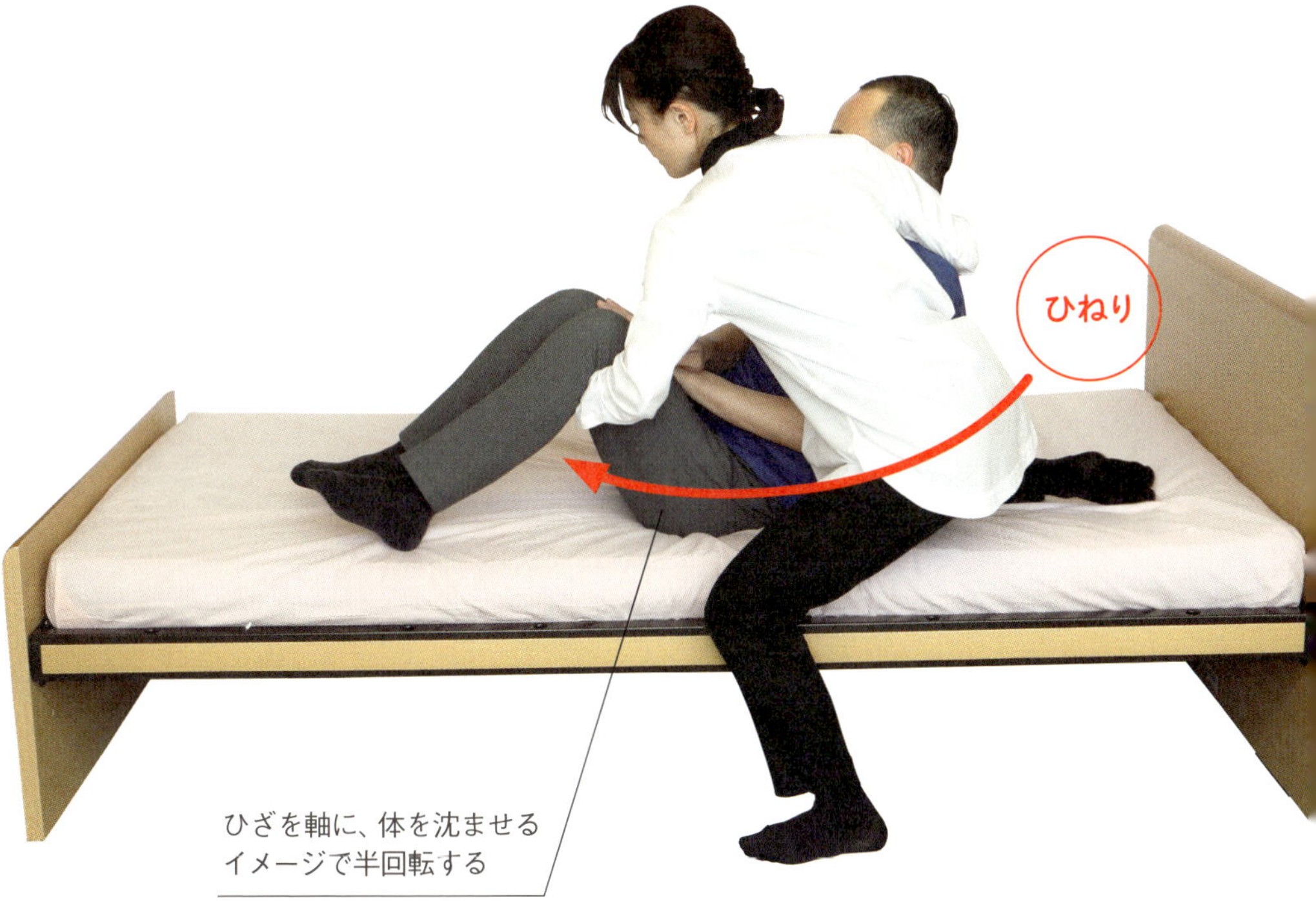
ひねり
ひざを軸に、体を沈ませる
イメージで半回転する

5 半回転する動きを利用して足をベッドに乗せ、相手の体が上向きになるようにする

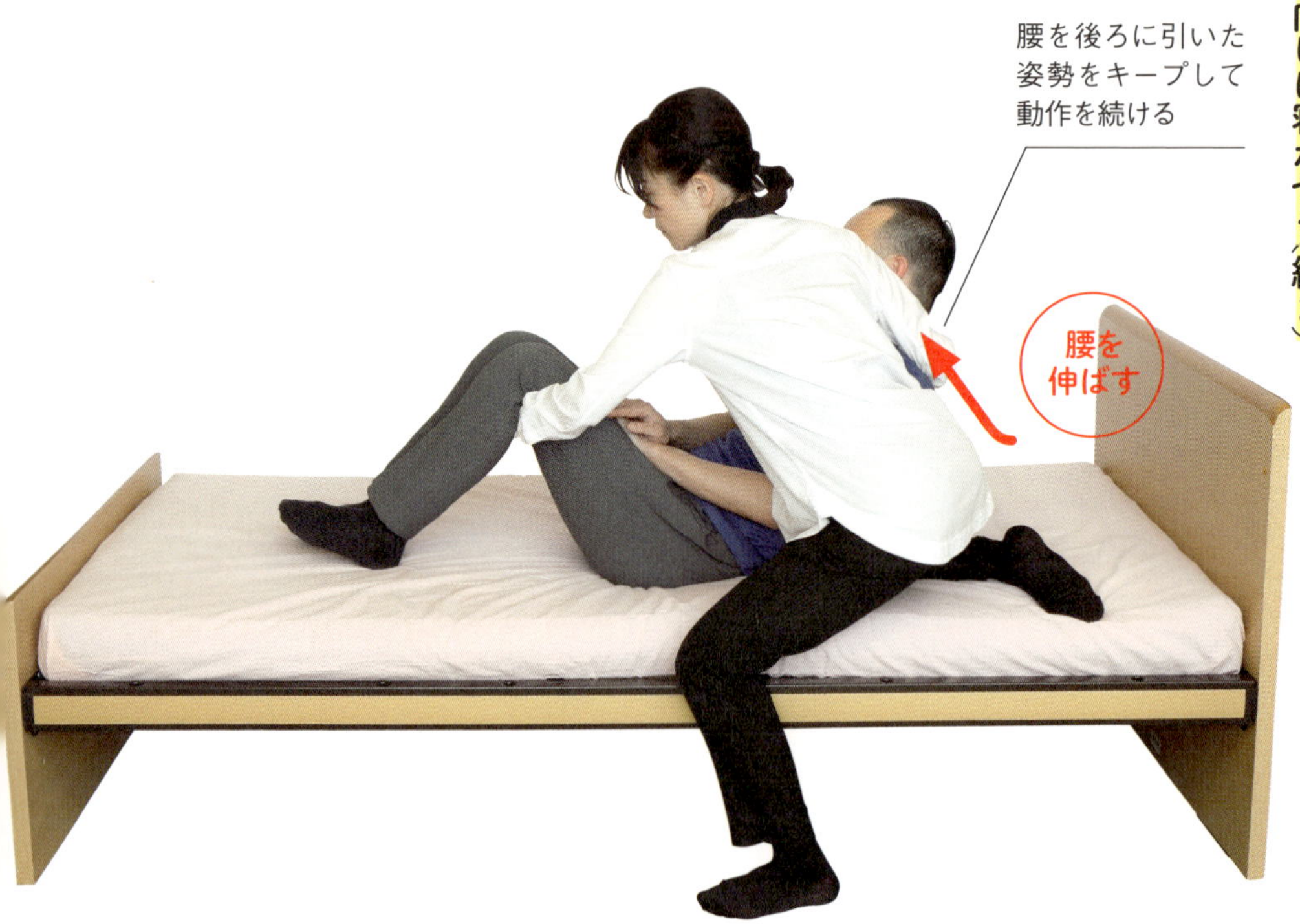
腰を後ろに引いた姿勢をキープして動作を続ける
腰を伸ばす

6　相手に足をゆっくり伸ばしてもらい、最後にやさしく肩に回した手を抜く

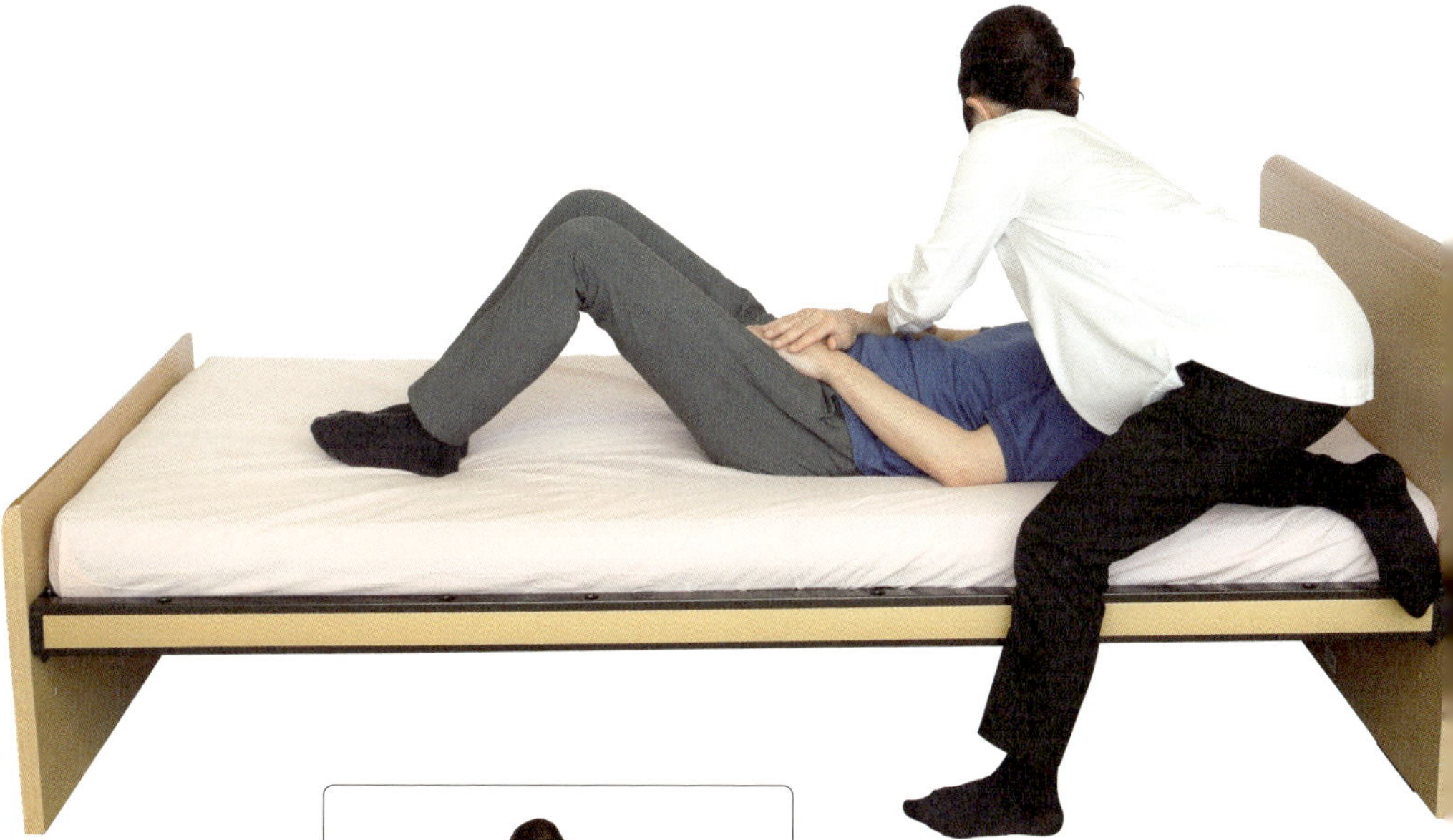

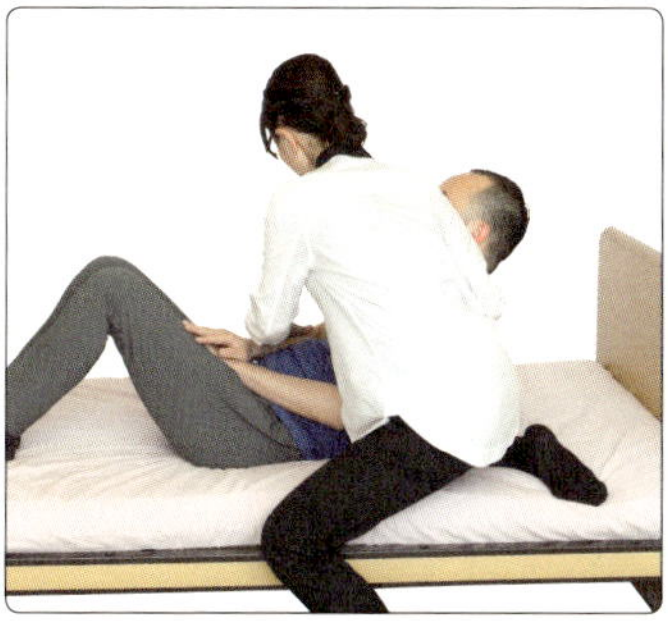

足がベッドに着いたら上体をなめらかに倒していく

基本動作 5

いすから、立ち上がらせる

いす、またはベッドの端に座っている姿勢から「立ち上がる」という動作は、日常に欠かせない動きのひとつです。声をかけてから始めましょう。

1 相手の足の間に片足を入れて半身になり、相手の両腕を持つ

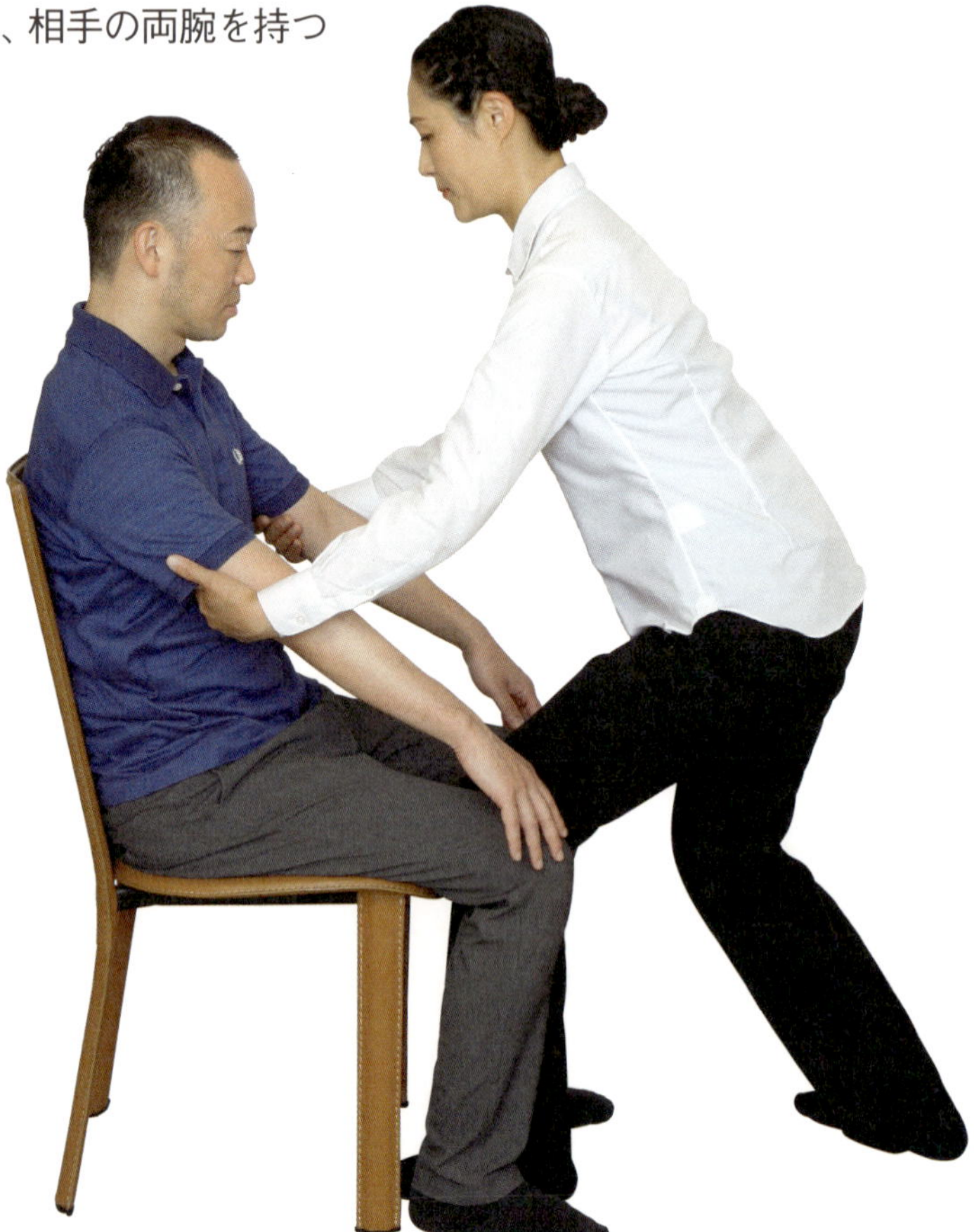

2 自分の腰を後ろに引く力で、相手のひじのあたりを斜め下に引く

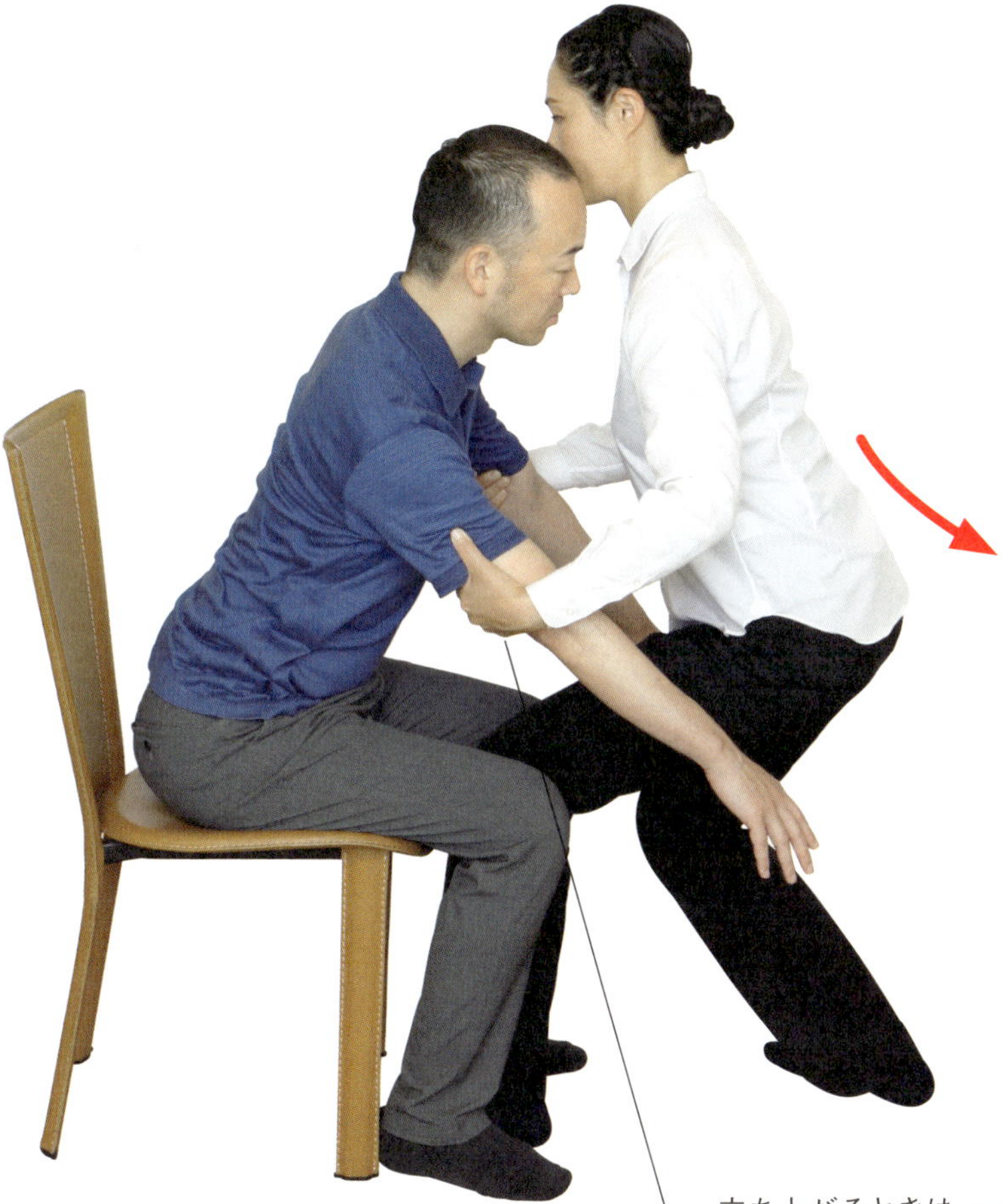

立ち上がるときは、一度体を下に引くのがポイント。逆の動作を利用する

3 相手の体を前傾させ、相手の腰が浮いたところで、片手ずつわきの下に持ち替える

密着

前傾することで腰が動作の軸になり、ラクに動ける

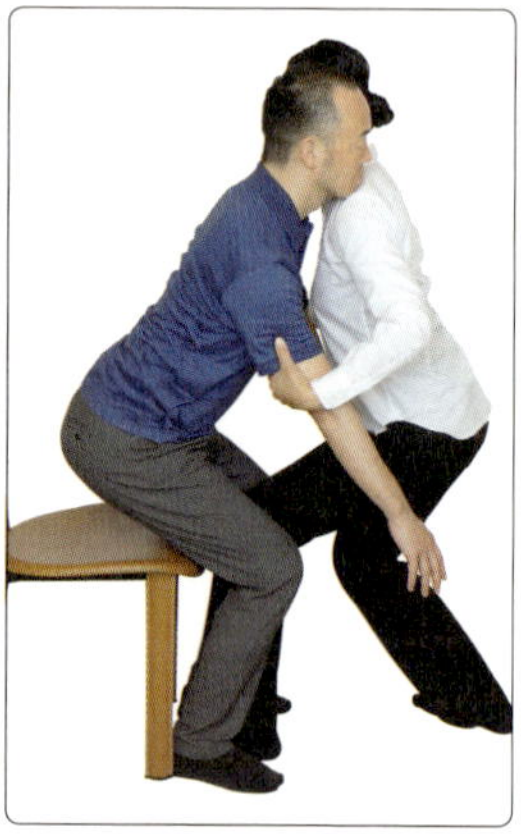

相手のひじあたりを斜め下に引いて相手の体をさらに前傾させて、腰を浮かせる

4 自分の腰を伸ばす力で一緒に立ち上がる

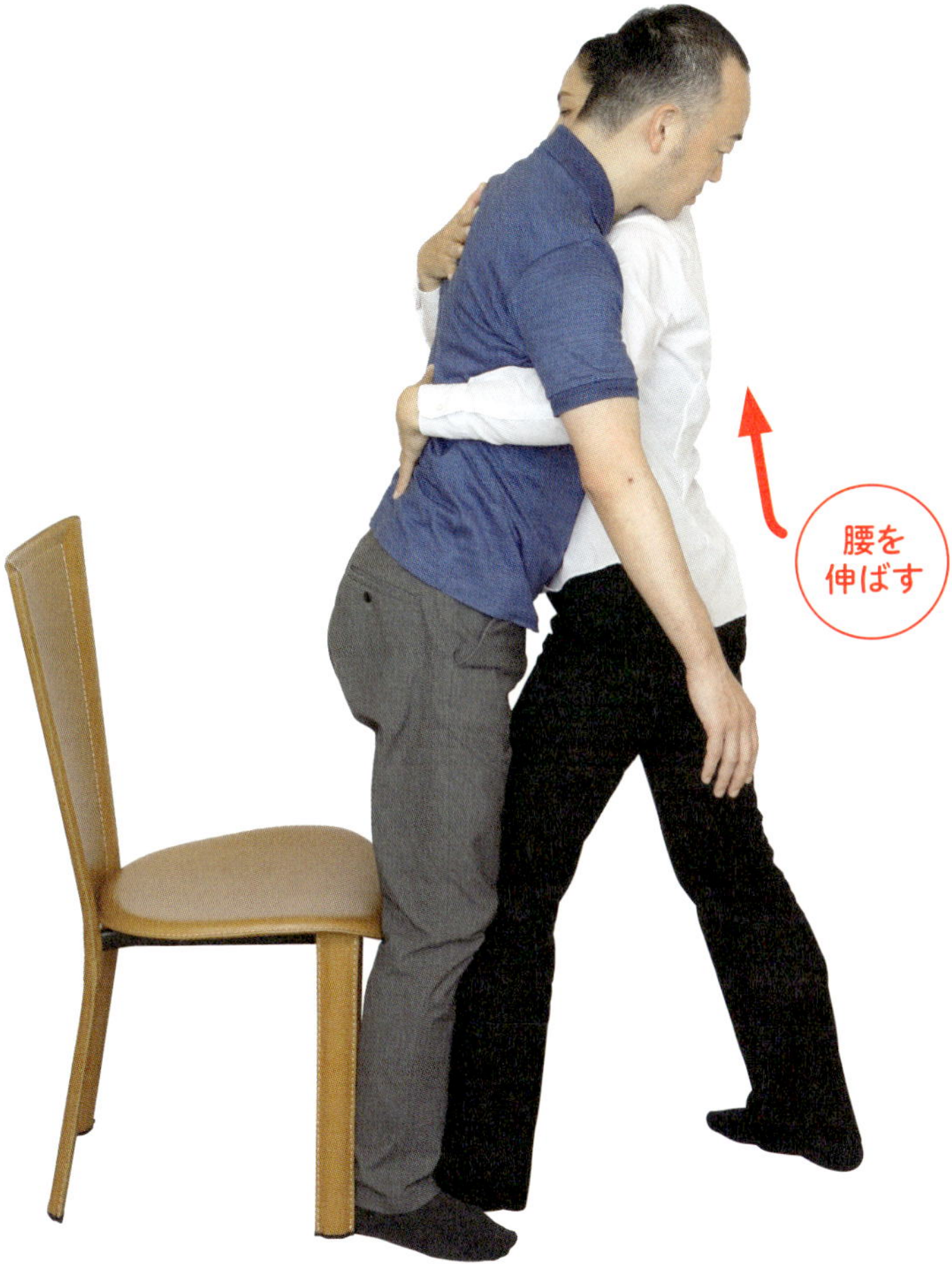

基本動作 6

いすに座らせる

いす、またはベッドの端に「座る」という動作も、日常生活のさまざまな場面で必要となる動きのひとつです。声がけをしてから始めましょう。

1 相手の足の間に片足を入れて相手の背中に上下互い違いに両手を添える

2 自分によりかかるようにしてもらい、回した腕で相手の体を抱える

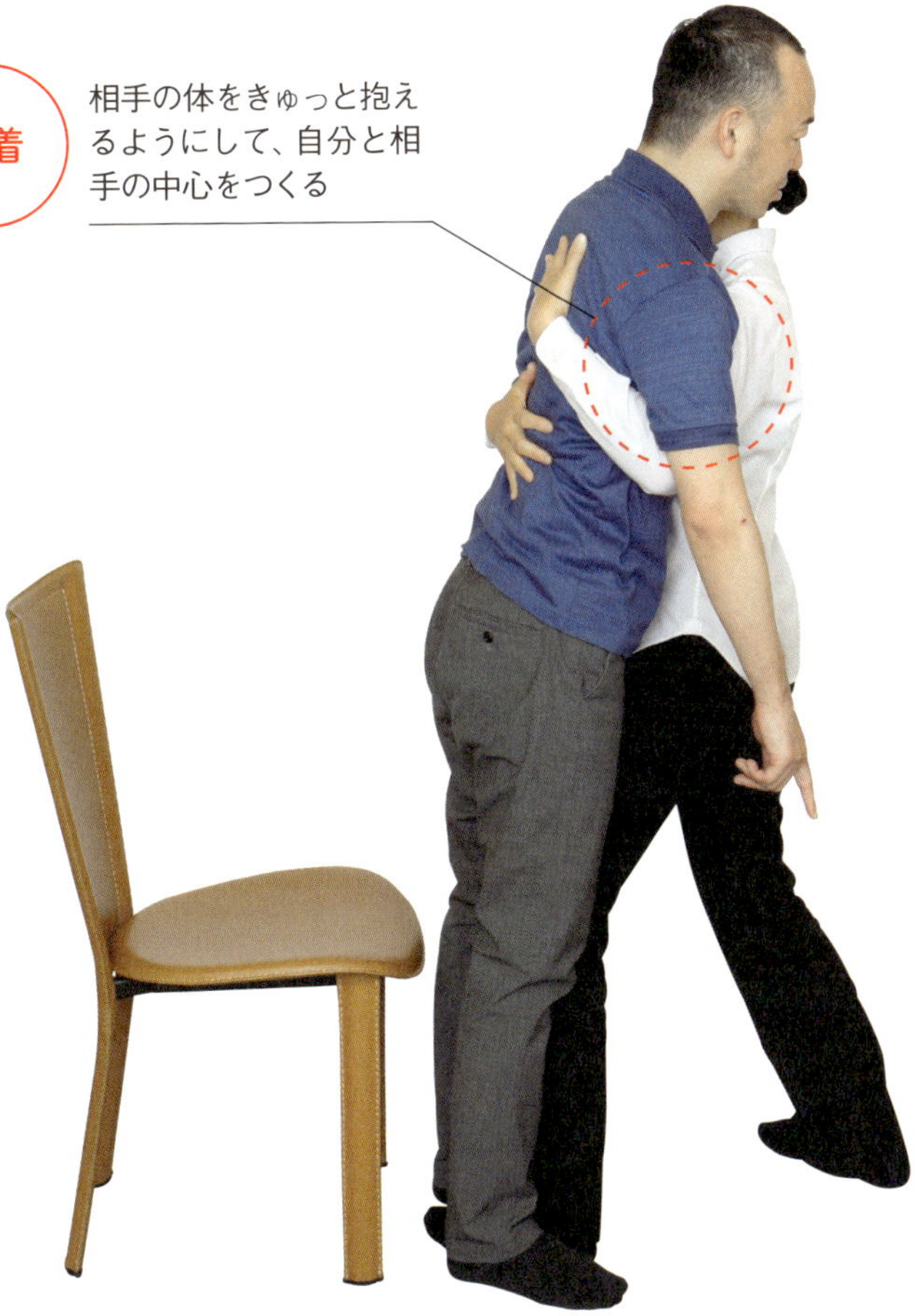

密着

相手の体をきゅっと抱えるようにして、自分と相手の中心をつくる

3 密着したまま、自分の腰を後ろに引く力で相手のお尻を下げていく

介護を受ける人は、後ろが見えないままお尻を落とすのは怖い。密着することで、その怖さがなくなる

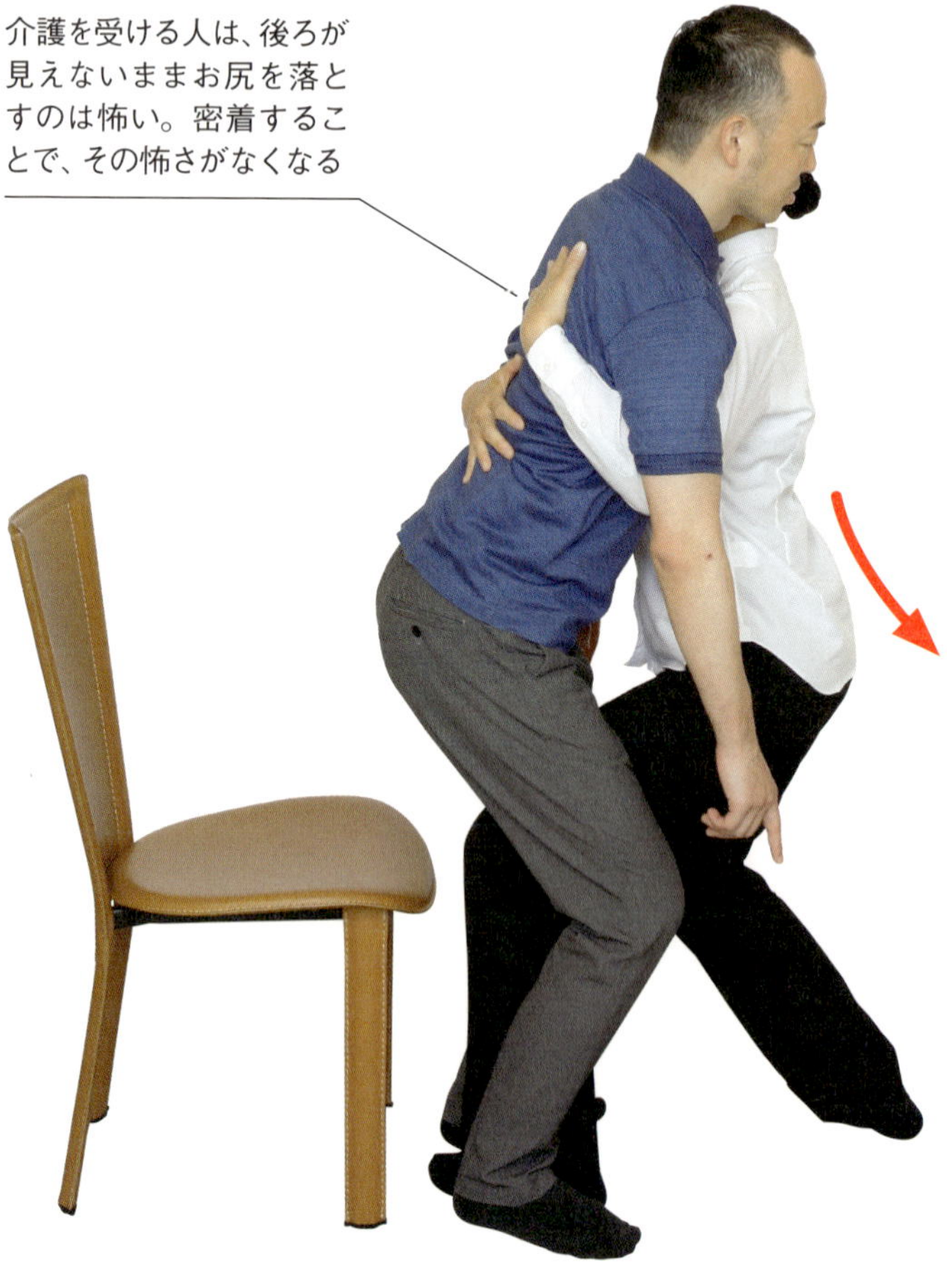

4　腰をさらに引きつつ、体を沈ませるようにして相手のお尻をゆっくりいすに着ける

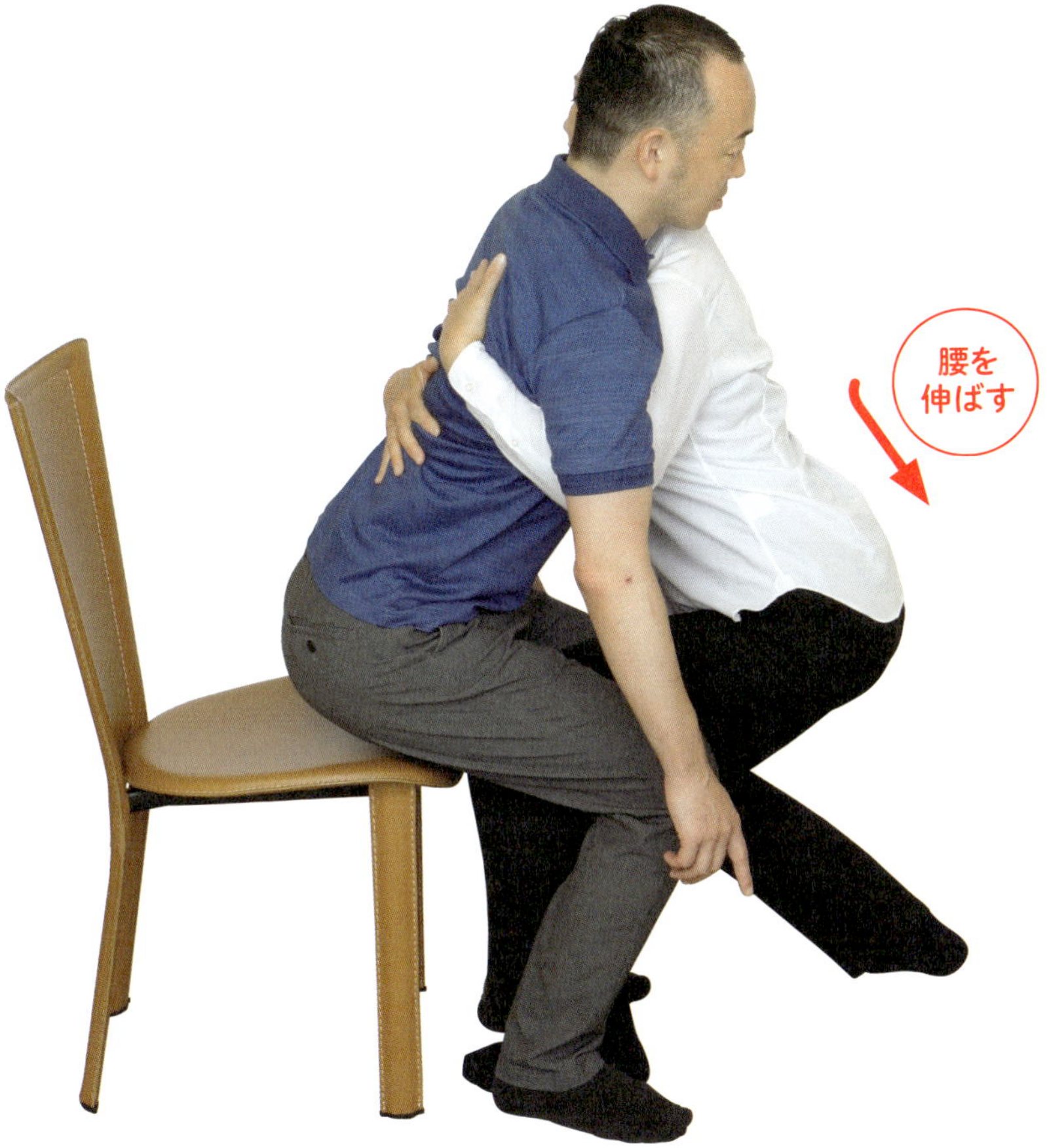

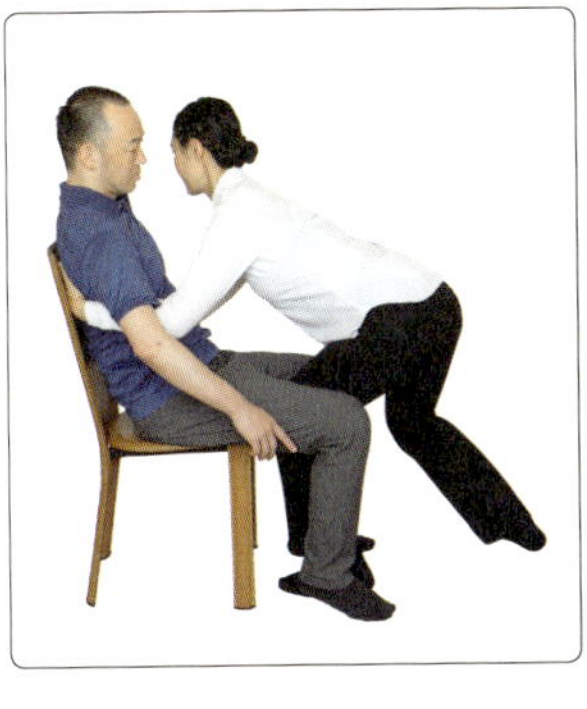

座ったことを確認し、やさしく
背中に回した手を抜く

基本動作 7

布団に座った姿勢から、立ち上がらせる

布団、または床に座った姿勢から「立ち上がる」という動作。ここでは、背面から介助して立ち上がらせる方法を学んでいきます。声をかけてから始めましょう。

「○○さん、
立ち上がるので
後ろから
手を回しますね」

1

相手の背中側に位置してしゃがむ。相手の両ひざを立て、両腕を体の前でクロスしてもらう。背後から、相手の腕に自分の腕を添えて、相手の体を少し前傾させる

後ろから相手を抱えるようにして、手首あたりをやさしく持つ

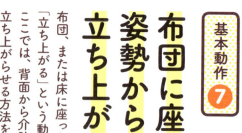

2　相手の体を抱えるようにして密着し、重心を前に移動する

密着
相手の体をきゅっと抱えるようにして、自分と相手の中心をつくる

3　腰を支点に半回転しながら、自分の腰を伸ばす力で一緒に立ち上がる

密着し、ひねってから腰を伸ばすことで、相手と自分の中心をシンクロさせながら立ち上がることができる
ひねり
腰を伸ばす

基本動作 8

ベッドに座った姿勢から、車いすへ移乗させる

車いすへ乗り移る動作は、車いすの位置、介護を受ける人の位置などにも気をつける必要があります。

車いすを用意して声をかけてから始めましょう。

1 相手の足の間に片足を入れて半身になり、相手の背中に上下互い違いに両手を添える

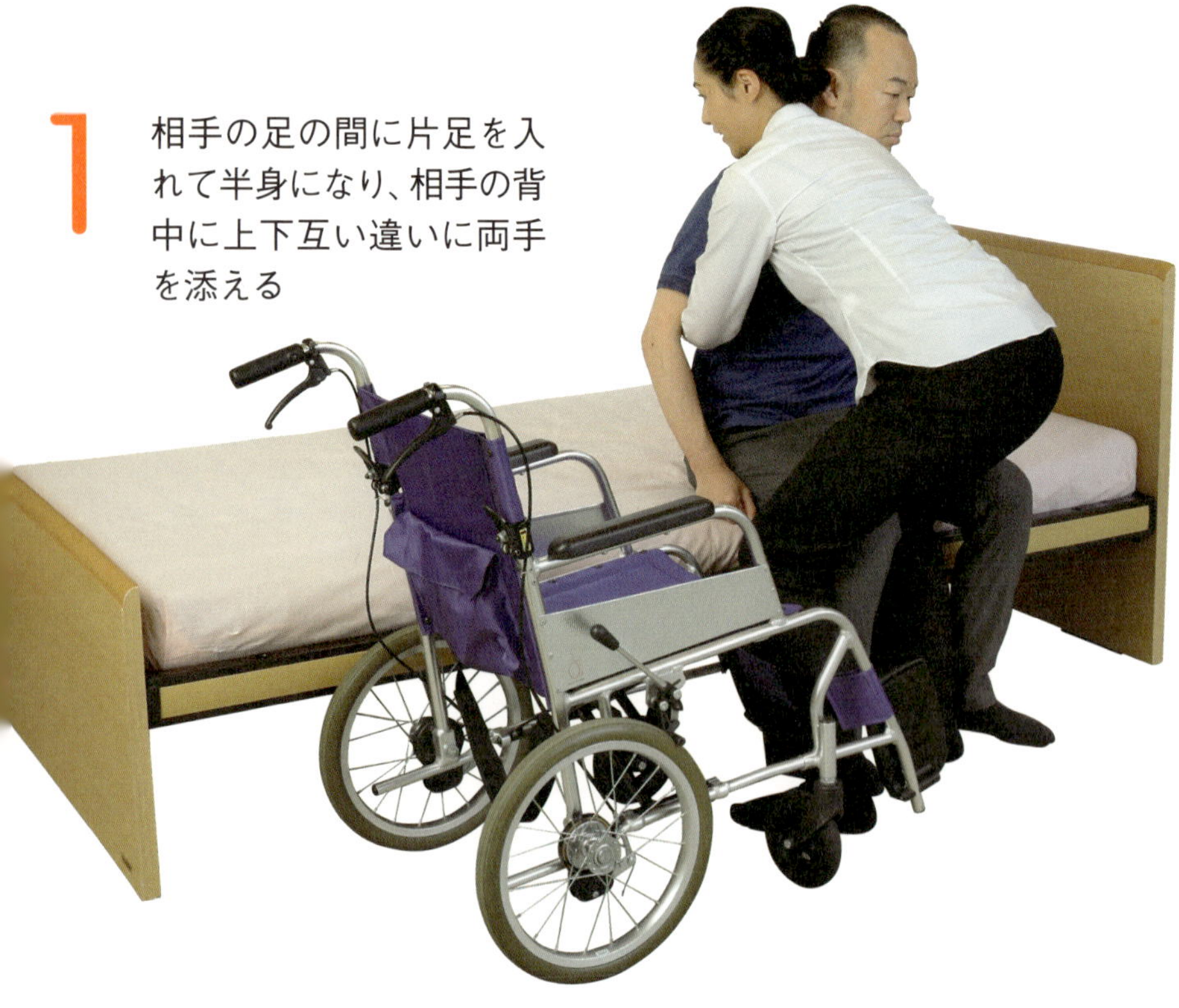

2 腰を後ろに引きながら、相手の上体を少し前傾させる

密着

相手の体をきゅっと抱えるようにして、自分と相手の中心をつくる

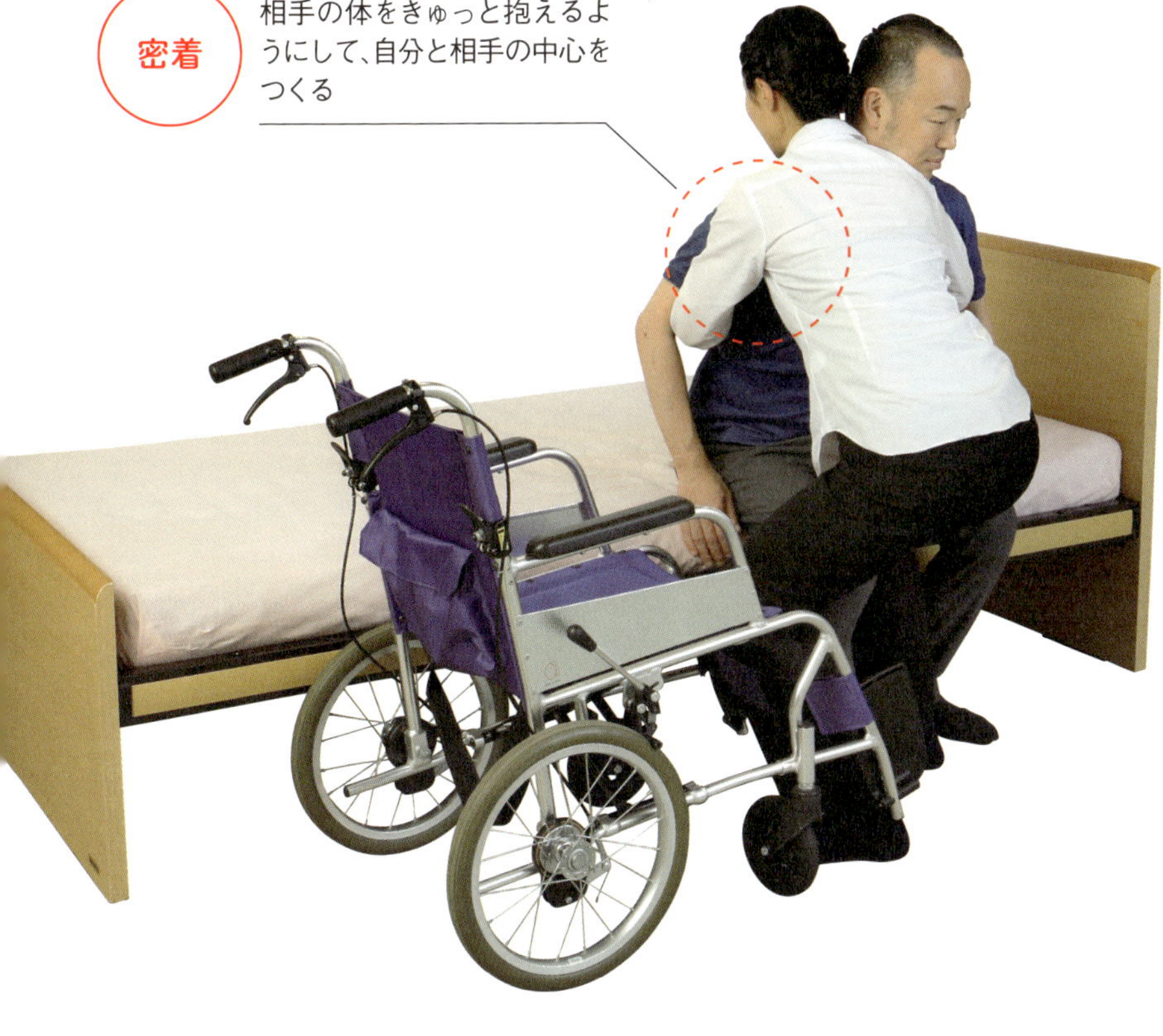

3 自分の腰を軸に、相手の体を車いすと逆側にひねる

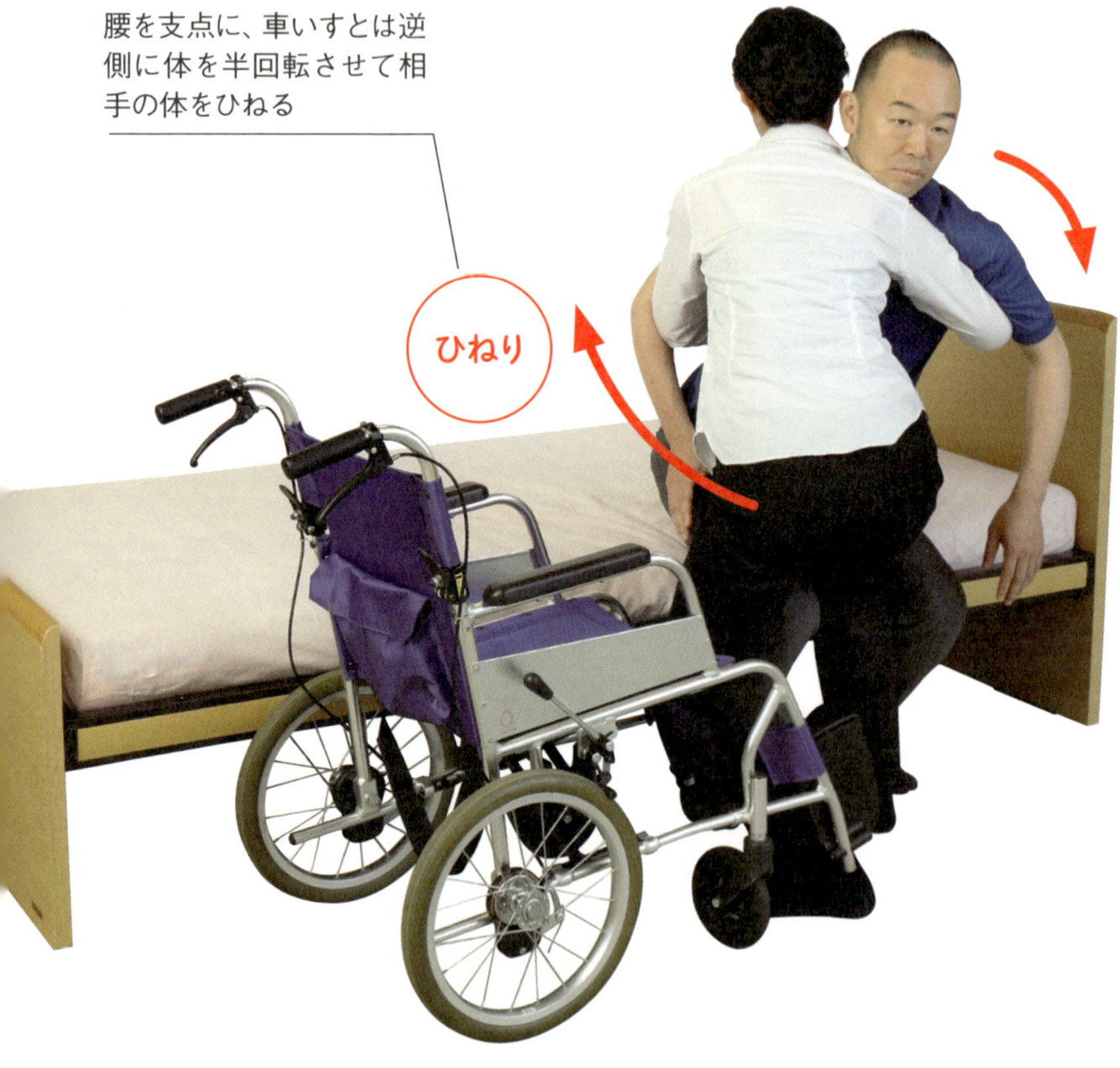
腰を支点に、車いすとは逆側に体を半回転させて相手の体をひねる
ひねり

4 車いすと逆側にひねった力を利用して、一度上に伸び上がるようにしながら腰を伸ばし、今度は車いす側へひねる

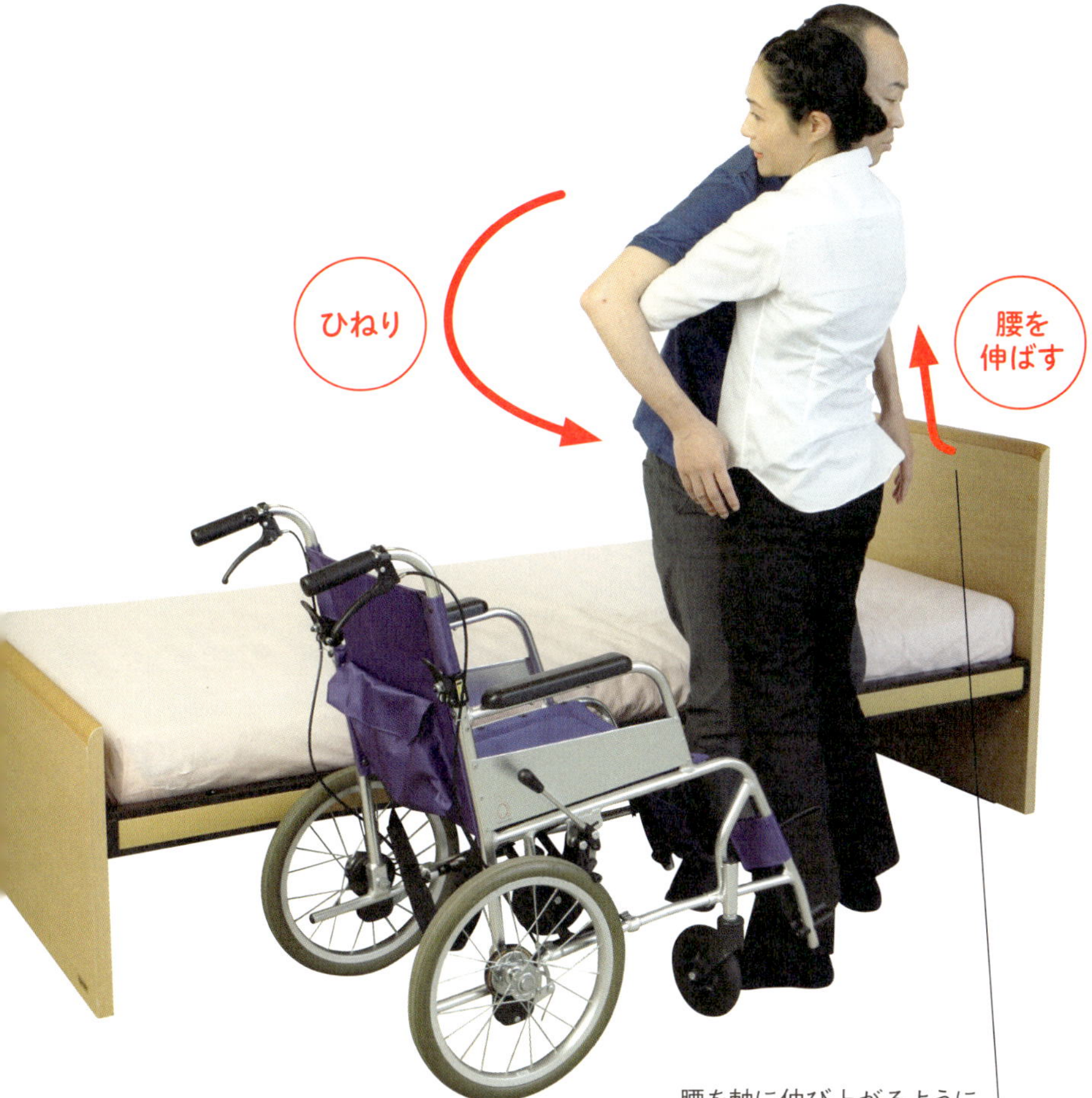

腰を軸に伸び上がるようにして、相手の中心をつくる

5 自分の片足を一歩後ろに引いて体を半回転させながら、相手を車いす方向へさらに移動させる

6 腰を後ろに引きつつ、体を沈ませるようにして相手のお尻をゆっくり車いすに着ける

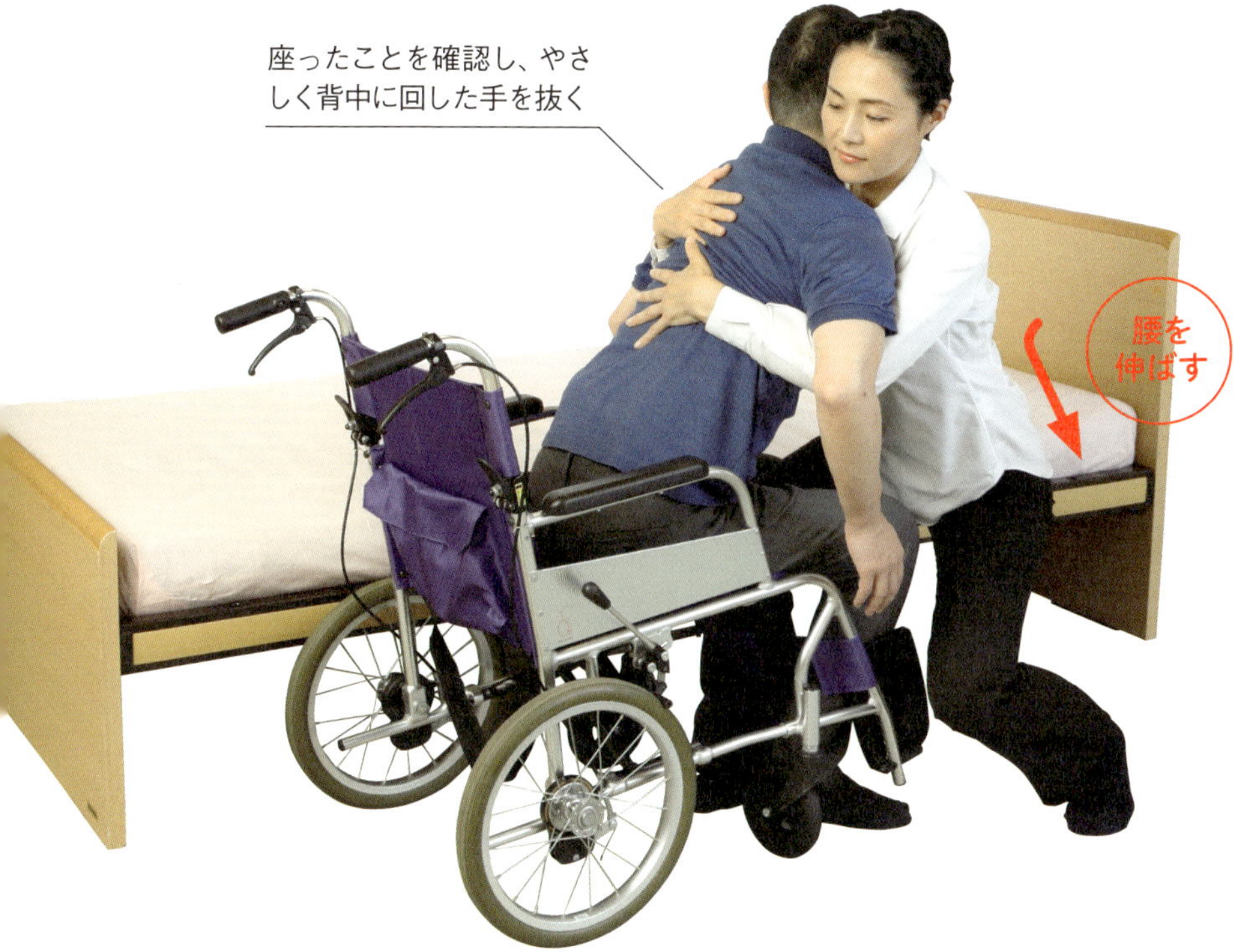
座ったことを確認し、やさしく背中に回した手を抜く
腰を伸ばす

基本動作 9

車いすから移動して、布団に寝かせる

車いすから布団に寝かせる場合は、基本動作⑤（立ち上がらせる）、⑧（車いすへ移乗させる）、④（寝かせる）で覚えた動作を使って介助していきます。安全な移動を目指しましょう。

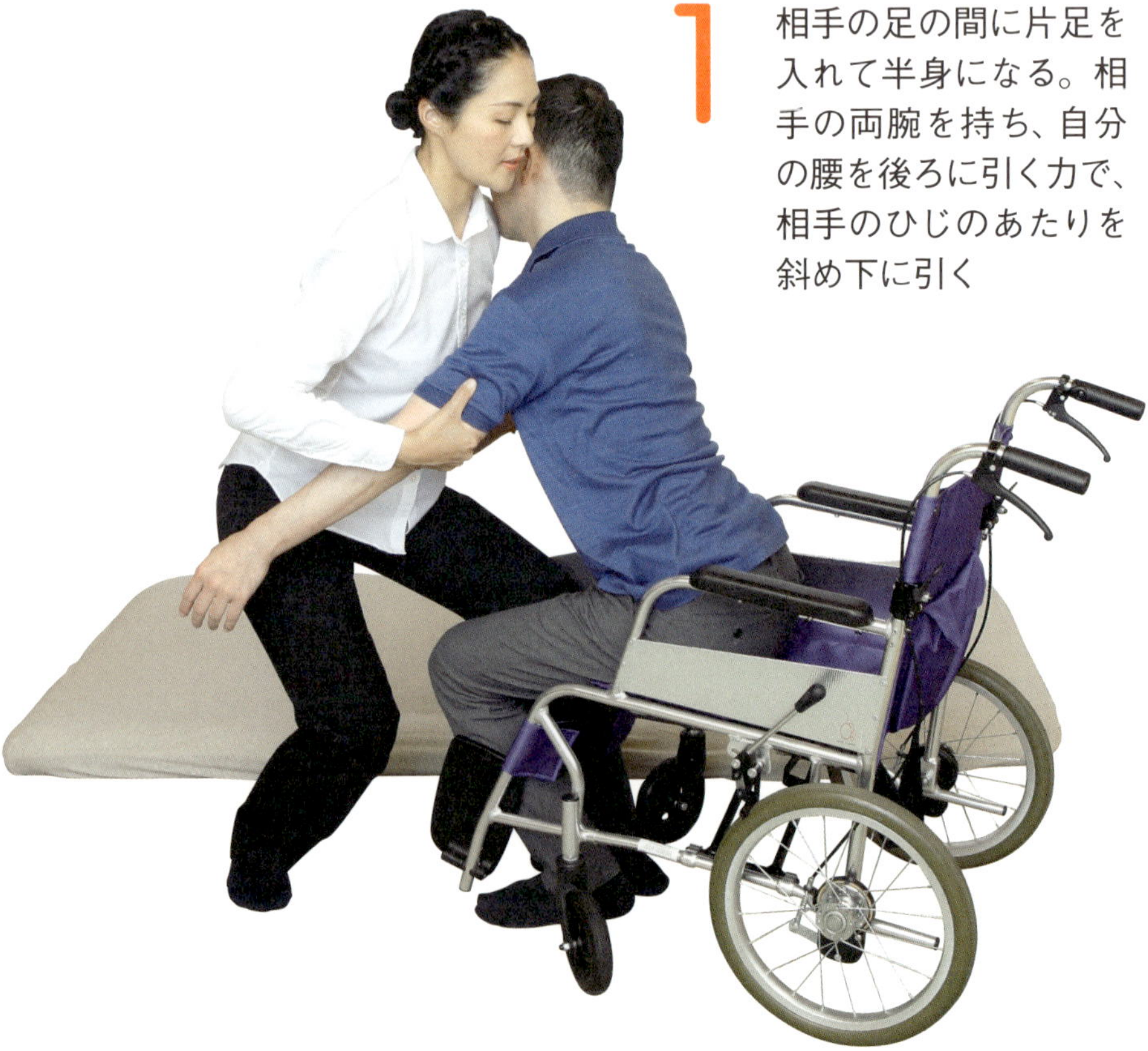

1 相手の足の間に片足を入れて半身になる。相手の両腕を持ち、自分の腰を後ろに引く力で、相手のひじのあたりを斜め下に引く

2

相手の体を前傾させ、片手ずつわきの下に持ち替えて、自分の腰を伸ばす力で一緒に立ち上がる

相手の体を前傾させ、相手の腰が浮きかけたところで、片手ずつわきの下に持ち替える

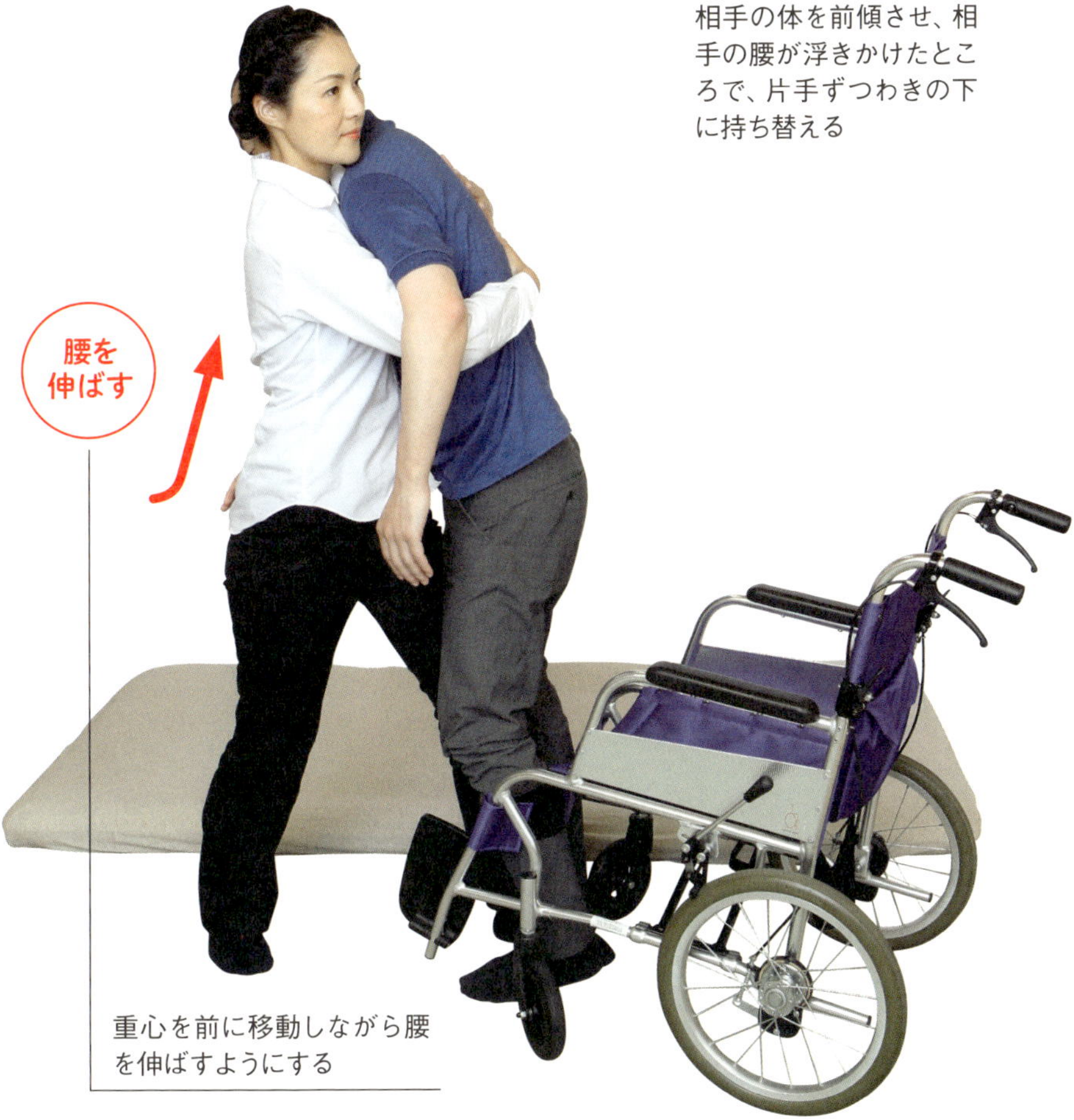

重心を前に移動しながら腰を伸ばすようにする

3 自分の腰を軸に、相手の体を布団とは逆側にひねる

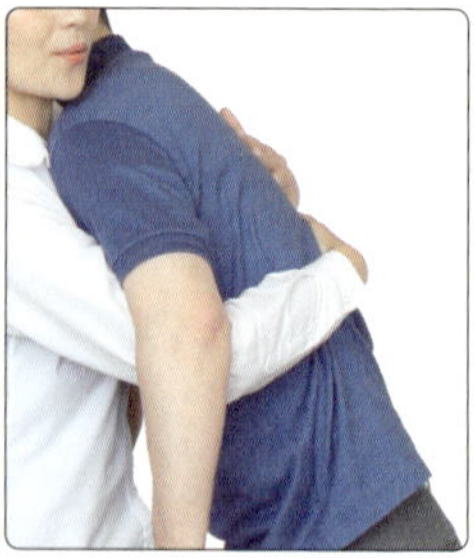

自分によりかかるようにしてもらい、背中に回した腕で相手の体を抱える

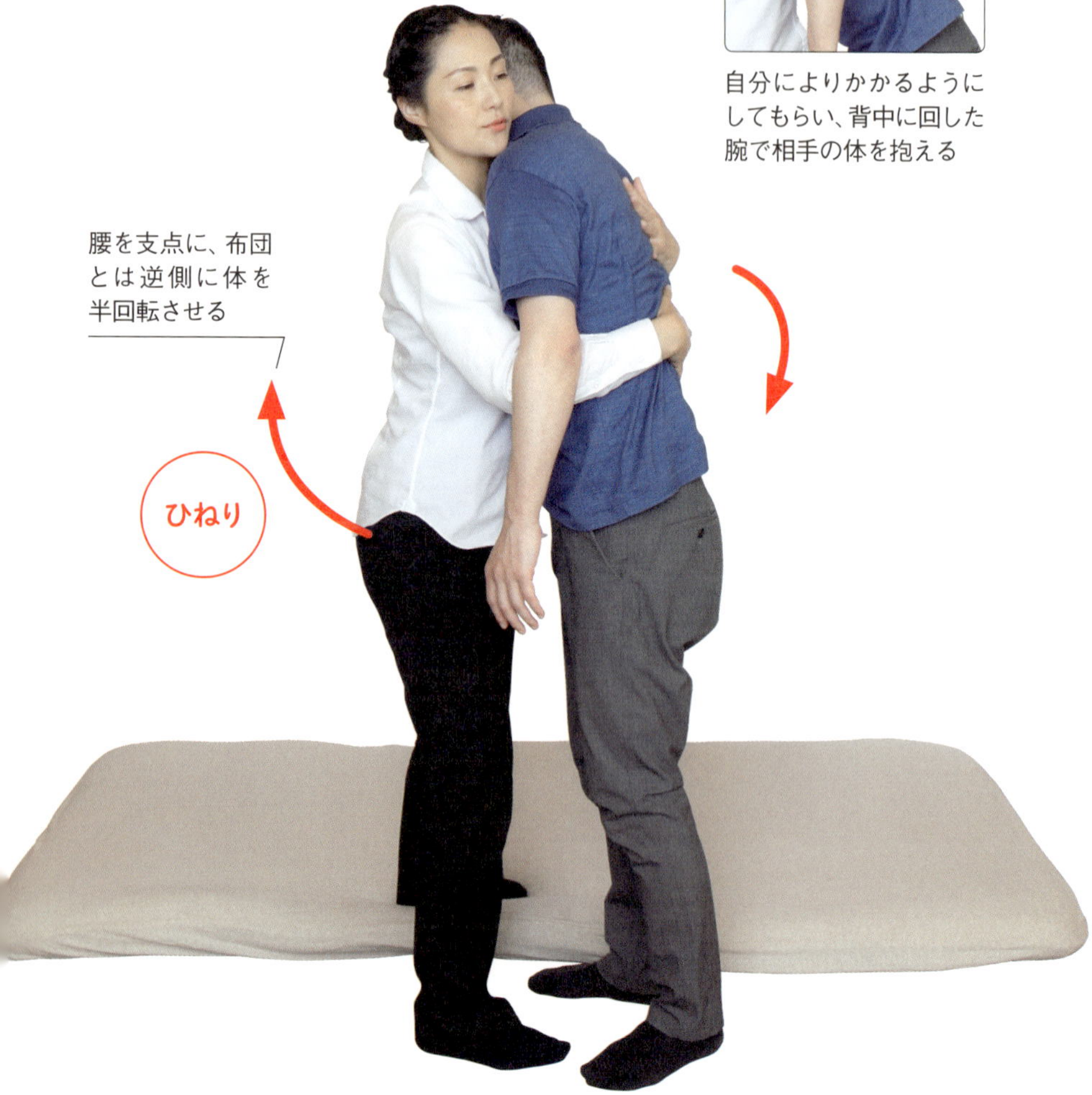

腰を支点に、布団とは逆側に体を半回転させる

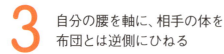

4 布団と逆側にひねった力を利用して、一度上に伸び上がるようにしながら、今度は布団側へひねり、相手のお尻を布団に近づけていく

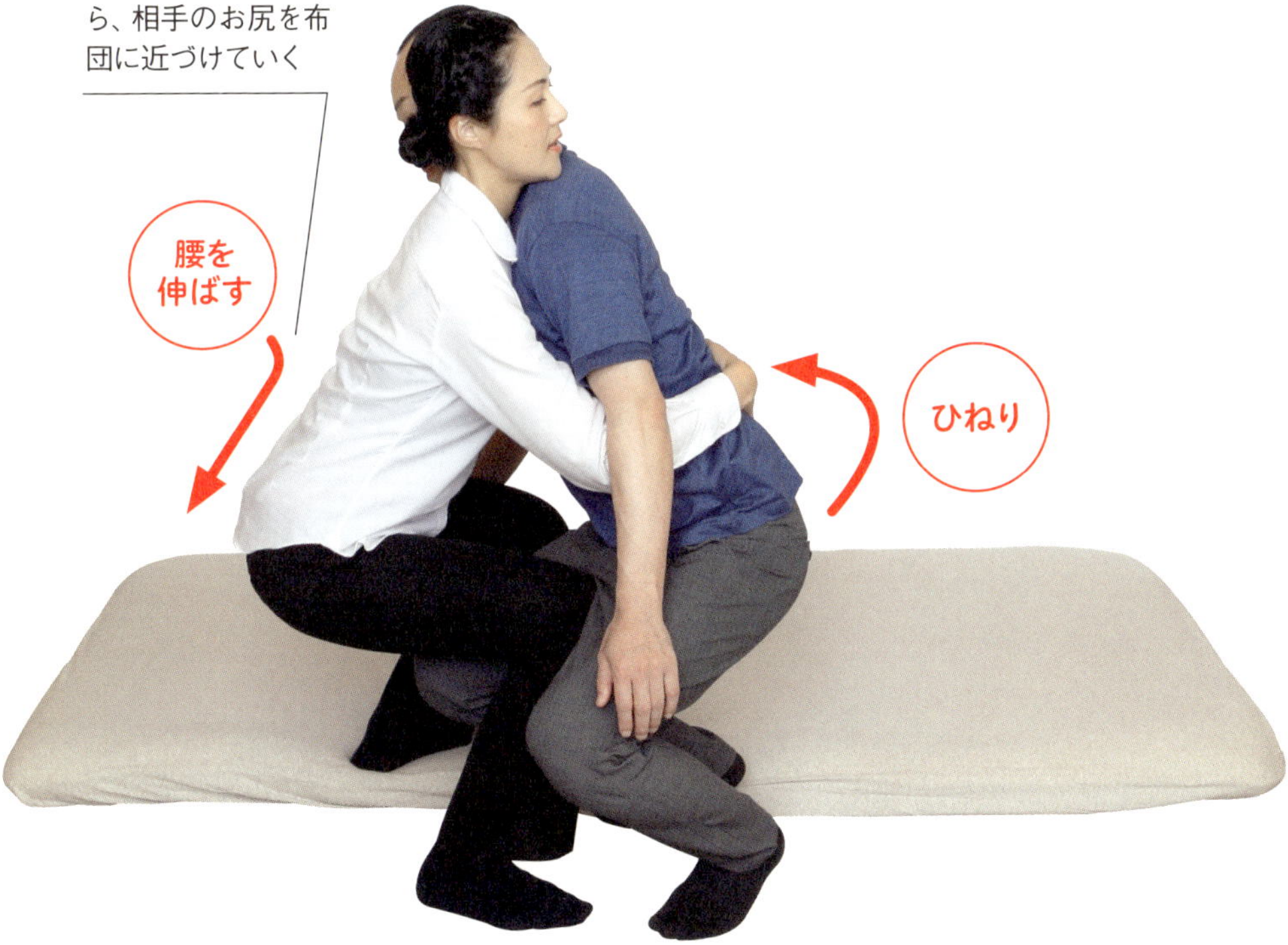
自分の腰を引きながら、相手のお尻を布団に近づけていく
腰を伸ばす
ひねり

5 さらに体を沈ませるようにして、相手のお尻をゆっくり布団に着ける

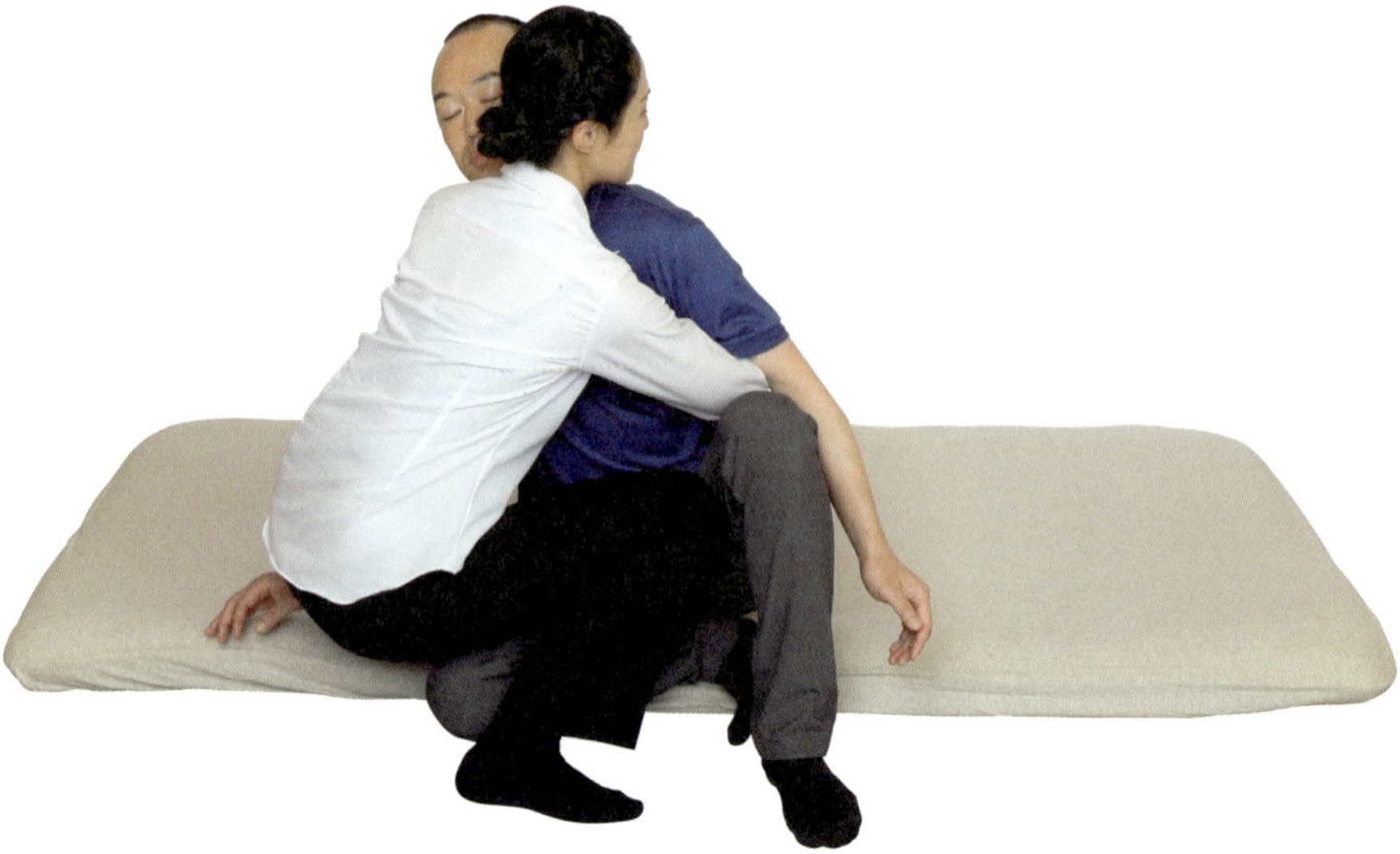

6 相手の肩から首に手を回し、もう一方の手をひざの下に入れて、太ももを軽く抱える

7 布団に着いた自分のひざを軸にお尻を斜め後ろに引きながら、半回転していく

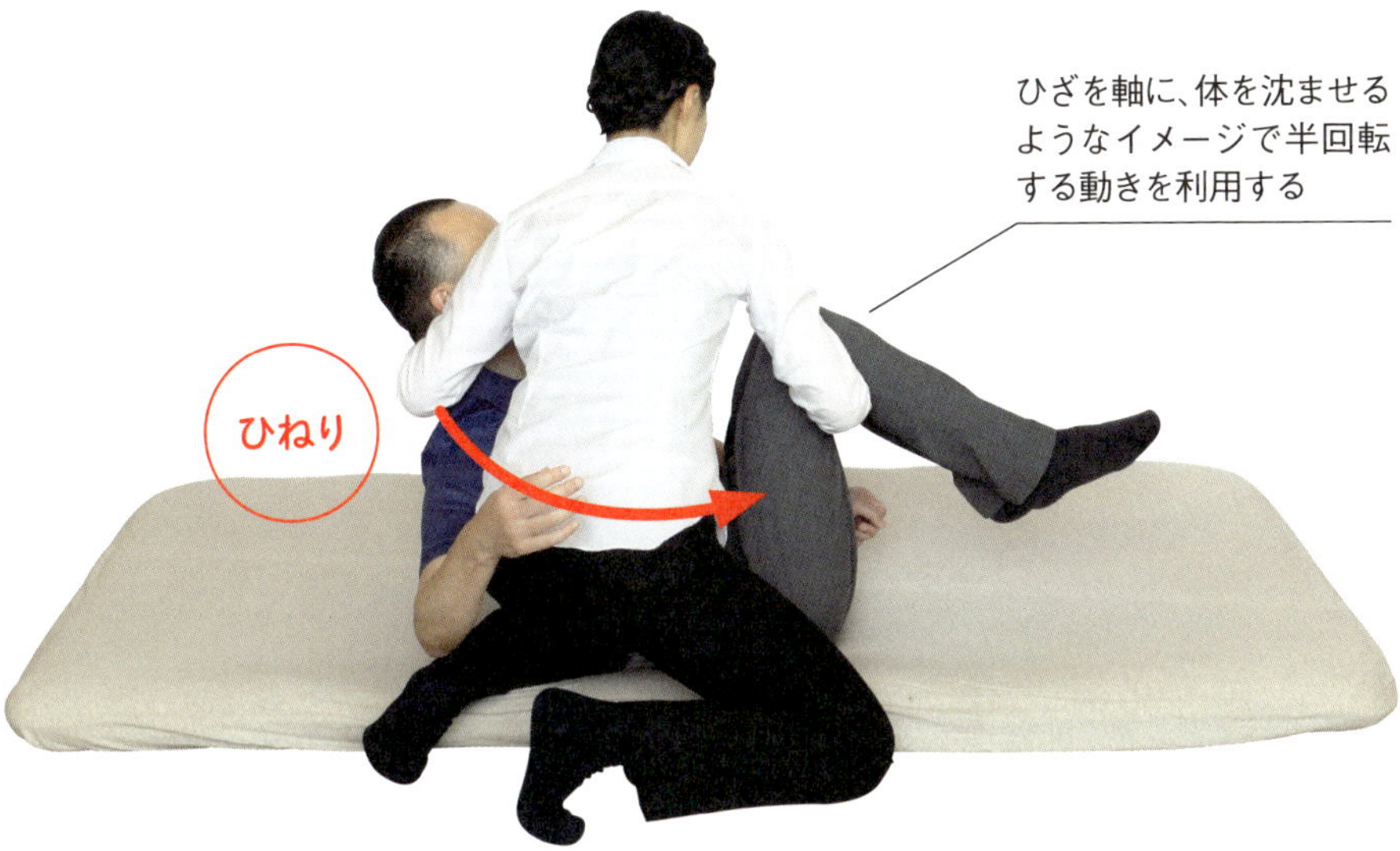
ひざを軸に、体を沈ませるようなイメージで半回転する動きを利用する
ひねり

8 相手の足を布団に乗せ、体が上向きになるようにする。相手の上体をなめらかに倒し、相手に足を伸ばしてもらう。最後にやさしく肩に回した手を抜く

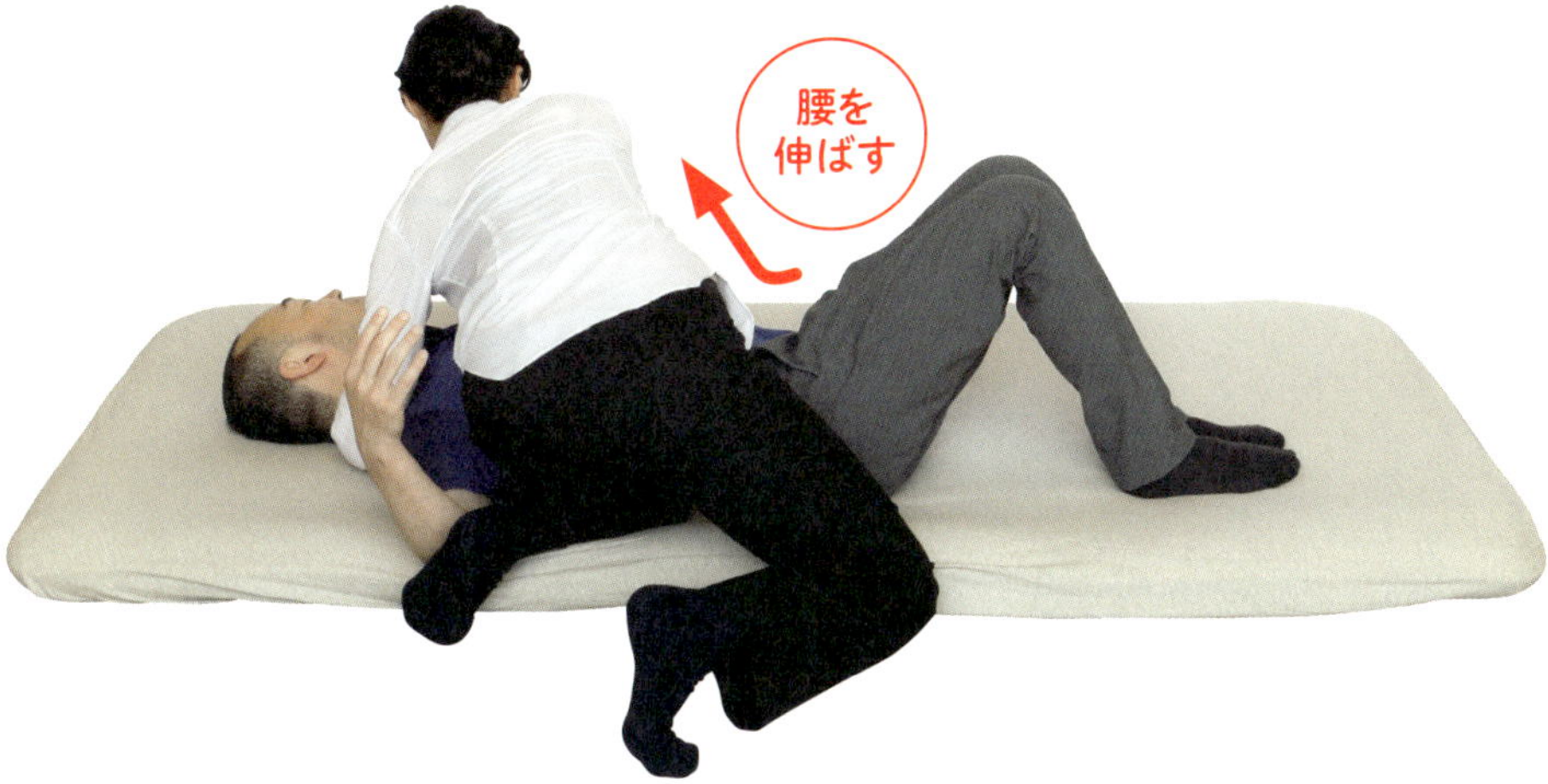
腰を伸ばす

基本動作 10

横から支えて一緒に歩く

介護を受ける人が歩ける場合は、横から支えて一緒に歩きます。相手の状態を見ながら、相手のペースに合わせた歩行を心がけましょう。

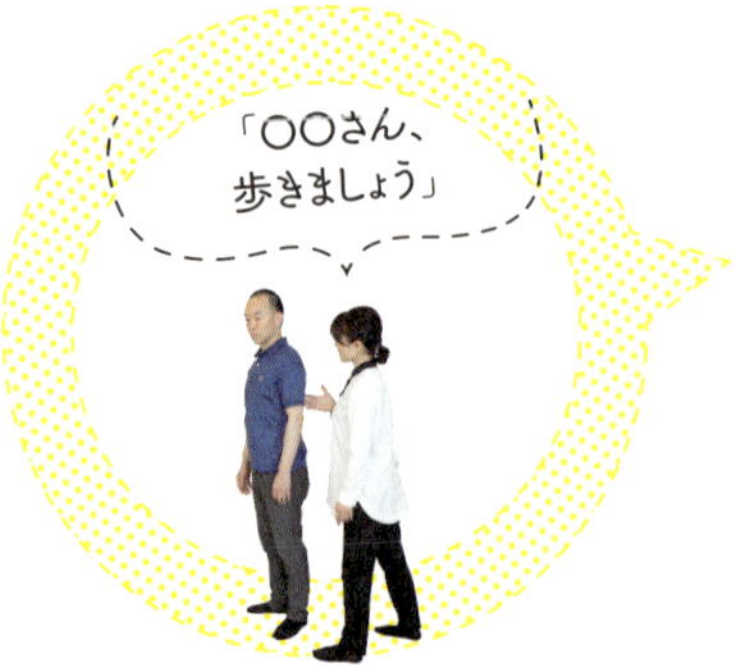
「○○さん、
歩きましょう」

1 麻痺がある場合は動く側（健側）に立ち相手のわきに軽く手を添える

片手で支えるのがポイント

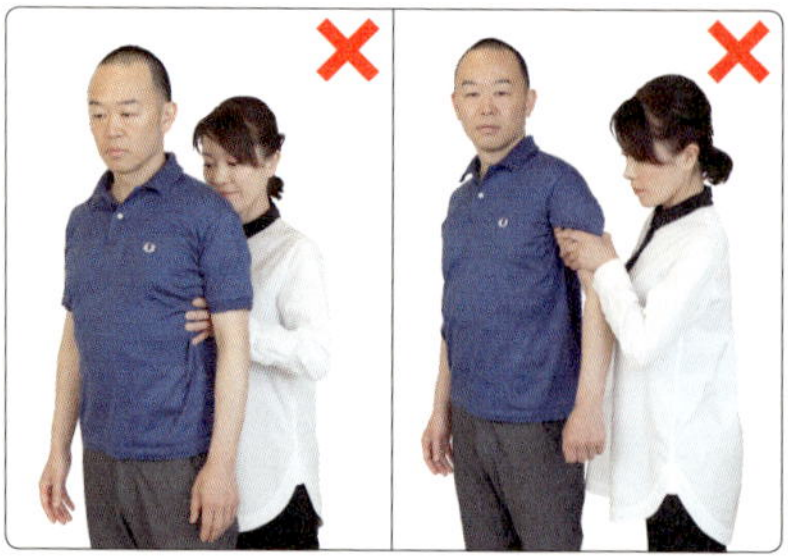
×
×

両手で相手の腕をつかんだり、両手で抱えない

2 軽く相手を持ち上げるようなイメージで相手によりかかるようにして相手の中心をつくり自分が半歩先を歩く

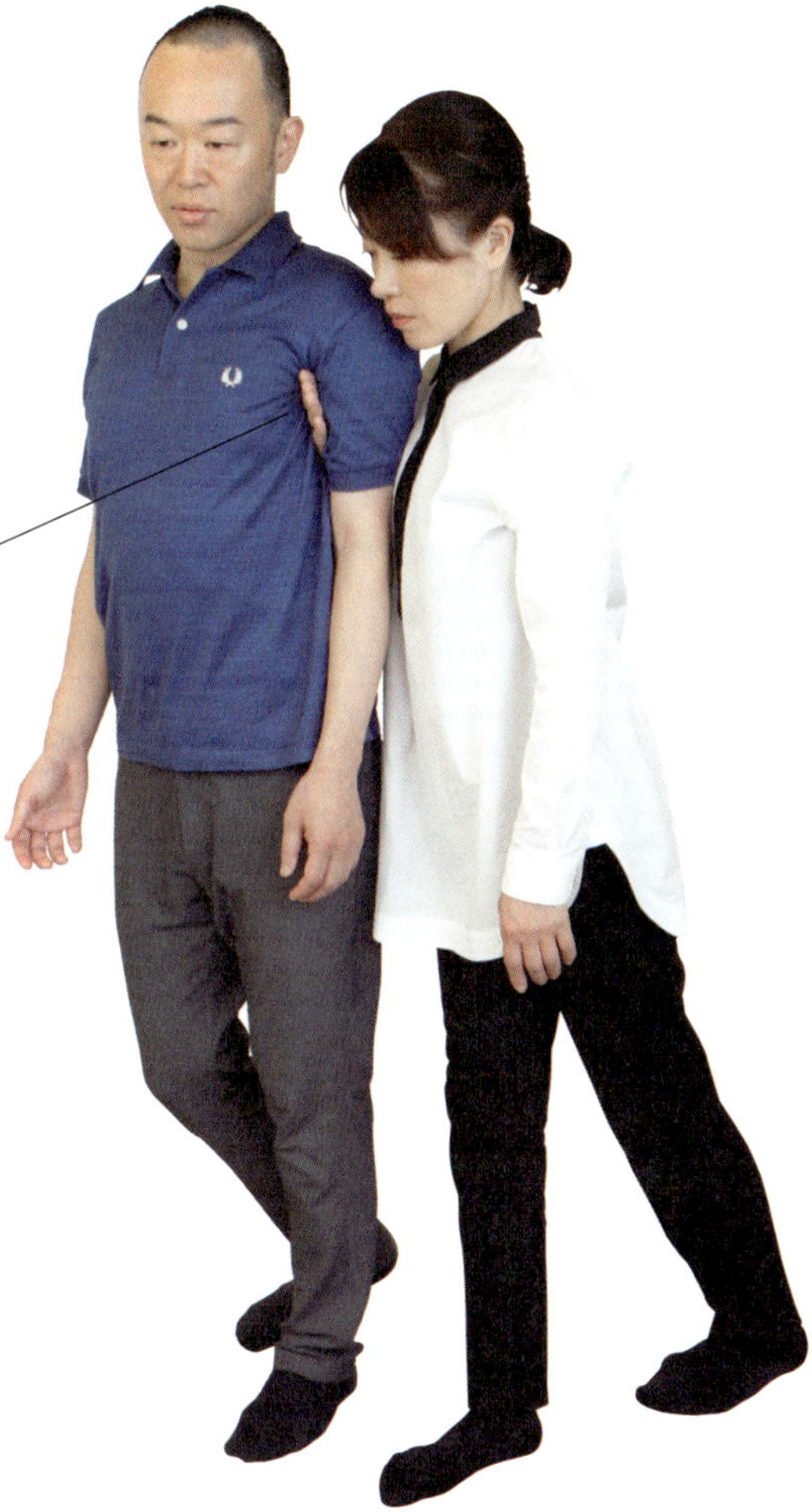

相手の中心をつくってあげると力が抜けやすく、相手の力を借りて一緒に歩くことができる

足がなかなか前に出ないときは

足が前に出ないときは、まず一歩後ろに下がって、それから前に出てみましょう。逆の動作を行って脳を混乱させることで、体の反射や、動いていたときの無意識の体の記憶を利用します。あるいは、まっすぐ立つと歩けない人も、ひざを思いきり曲げると、歩ける場合があります。ひざを曲げて重心を落とすことで、自然に足が前に出るのです。

Column 1

リハビリの極意

実は、わたし自身、昨年までに3回ほど脳梗塞《のうこうそく》を経験しています。今は、階段は危ないので手すりを持ちますが、とくに後遺症などは残っていません。脳梗塞の場合、自分で「やったな」と思ったら、すぐに手足を動かす、あるいは声を出してみる、ということが大事です。

なぜ、手足を動かしたり、声を出すとよいのかというと、それは、潜在意識に関係しています。

わたしたちの脳は、脳梗塞を起こすと手足が動かなくなると知っています。しかし、瞬時に手足を動かしたり、声を出すことで、脳が「動いた」「しゃべれた」と認識すると、それならば脳梗塞ではないのだと、潜在意識が修正されます。このような修正をしておくかどうかで、その後の回復具合が、ぜんぜん違ってくるのです。

また、リハビリをする場合は、末端よりも、中枢に近いところから動かします。つまり、指先よりも、まず肩やひじ、股関節などを、中心に向かって動かすのです。

さらに、麻痺して動かないところではなく、動くところをしっかり動かすことが大切です。すると、脊髄反射《せきずいはんしゃ》を通じて、麻痺《まひ》した部分の反射運動が起きてきます。体のしくみにのっとって、効率よく機能回復を促すことができるのです。

2章
介護される人がラクになる人体力学

腰が下がって胸が縮んだ体形が嚥下《えんげ》や呼吸などの問題と関係している

高齢者の体形は、腰が下がって前屈し、両肩が前に出て、胸が縮んだ状態になっています。胸のまん中がつねに縮んで圧迫された状態なので、ノドも気管も、食道も肺も、はたらきが落ち、呼吸や飲み込みがしづらくなります。

こうした体形は、いろいろな症状、さまざまな問題を引き起こします。

たとえば、食事が苦痛、誤嚥性《ごえんせい》肺炎など、食べものを上手に飲み込めない嚥下のトラブル。腰が後彎《こうわん》して下がると、それを支え、バランスをとるために、肩が前に出て力が抜けなくなります。鎖骨、胸骨にも負荷がかかり、その結果、咽喉周りの筋肉がゆるまず、硬

高齢者の体形の特徴

直して、嚥下の問題が生じるのです。

2章では、このような問題に対応して、介護を受ける人をラクにするための、人体力学体操や操法、緊急時の対処法を紹介します。問題を予防するために、介護を受ける方自身にやってもらう体操もあります。状況に応じて、人体力学を活かしたケアを行いましょう。

相手への触れ方

相手の体に突然触れたり、強い力で触れると、相手は緊張してしまいます。赤ちゃんを抱くような気持ちで、相手に声をかけながら、手のひらの温かさを伝えるように、大きくやわらかく触れましょう。

例）おなかに触れる場合

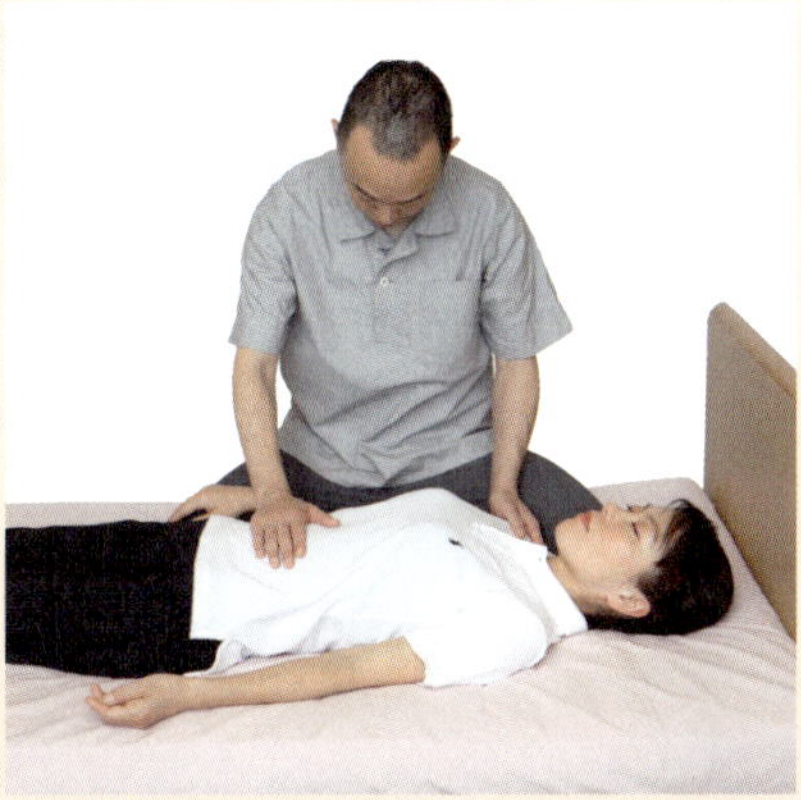

相手の肩に片方の手を添え、相手が呼吸を吐いているときに（このとき体はゆるんでいる）、もう片方の手で、手のひら全部を使って、大きく包み込むように、おなかに触れる

ケーススタディ別　人体力学

毎日の食事を楽しく！ノド周りのケア

食事が苦痛、嚥下《えんげ》障害、誤嚥性《ごえんせい》肺炎など、食べものを上手に飲み込めない場合のケア方法です。

このような嚥下のトラブルは、食道で起こります。起因は、ノド周りの筋肉の硬直です。体の中は、要所要所に隙間があると動きやすく、何をしてもラクなのですが、年齢を重ねるごとに、関節の隙間が詰まってきます。関節の隙間が詰まってくると、筋肉のはたらきや神経の流れも阻害されやすくなるのです。

嚥下のトラブルの起因である、ノド周りの筋肉をゆるめるためには、腕の動きを利用して、胸鎖《きょうさ》関節《かんせつ》（鎖骨と胸骨の接合部）を動かす体操が効果的です。飲み込むときの苦痛をやわらげる操法、ノドに詰まらせたときの対処法などとともに紹介します。

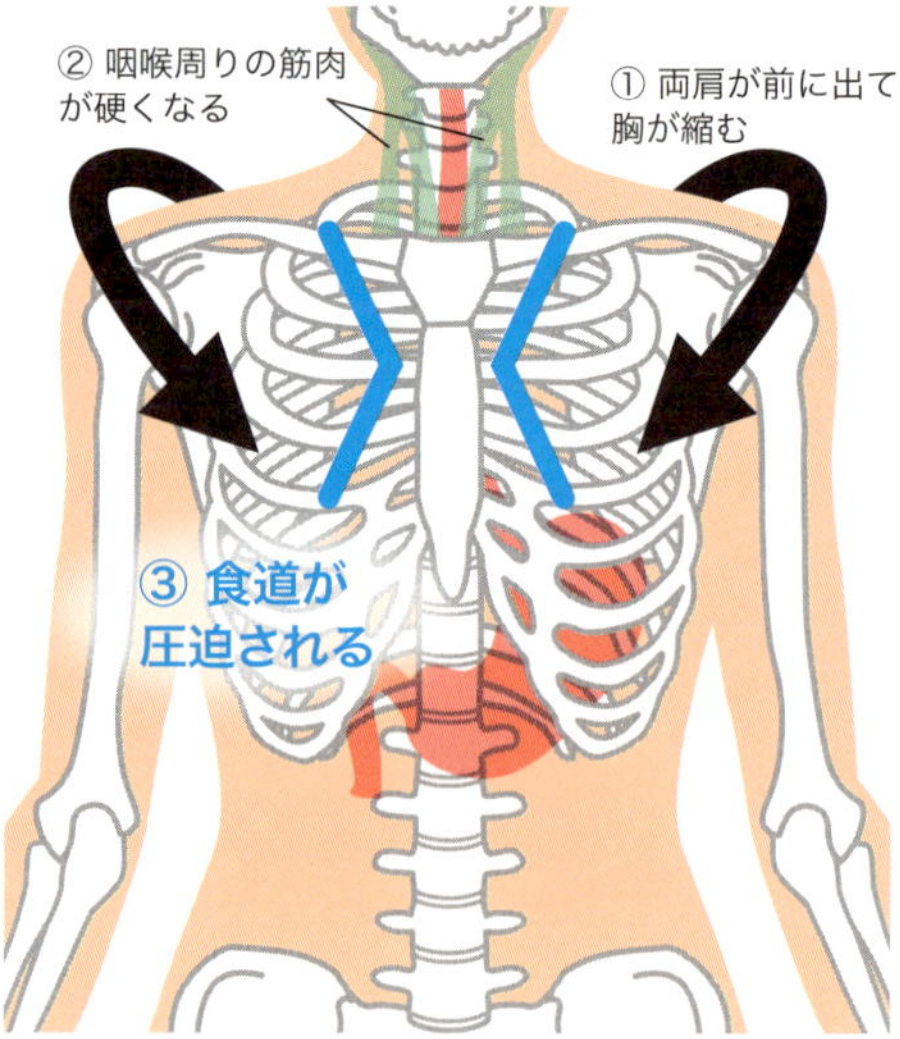
② 咽喉周りの筋肉が硬くなる
① 両肩が前に出て胸が縮む
③ 食道が圧迫される

人体力学 1

ノドの詰まりを予防する 嚥下《えんげ》の体操

嚥下のトラブルを予防するために、介護を受ける人に自分でやってもらう体操です。腕の動きで、胸骨と鎖骨が交わる場所、胸鎖関節に力を集めます。介護を必要としているか否かにかかわらず、日ごろからこの体操を行い、胸鎖関節をゆるめておきましょう。

1　いすに浅めに座り、左手の指先を右側の鎖骨にあて、胸鎖関節の位置を確認する

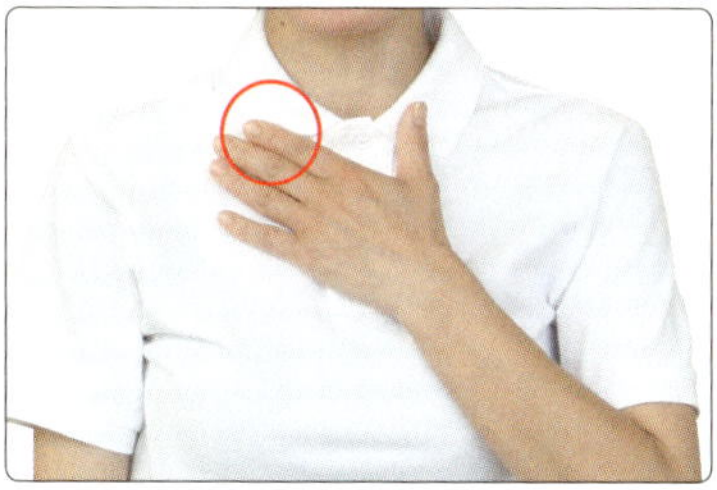

指先を、手とは逆側の鎖骨にあてる

2 右手を前方に伸ばして上げていき、胸鎖関節に、腕の重みで力が集まるようにする

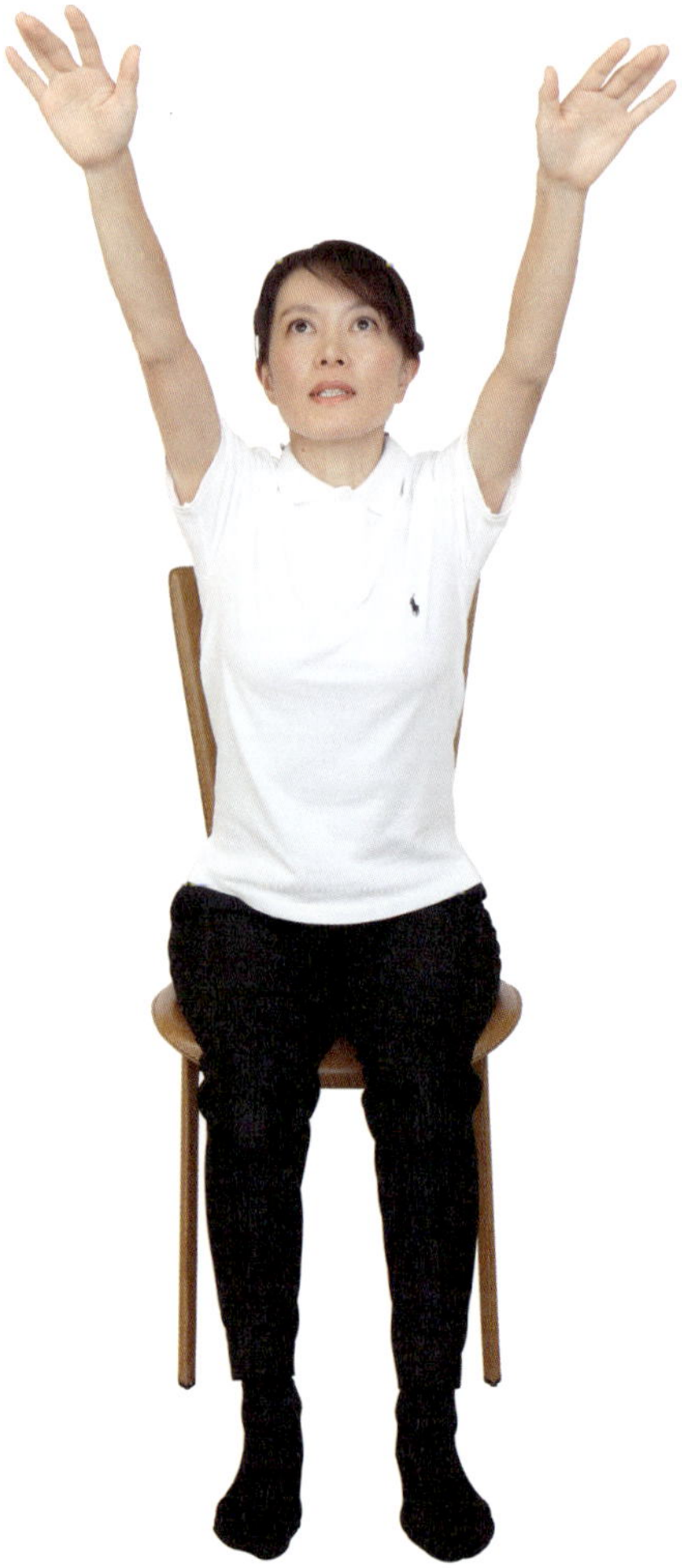

3 鎖骨にあてていた左手を下ろし、同様に前方に伸ばして上げていく

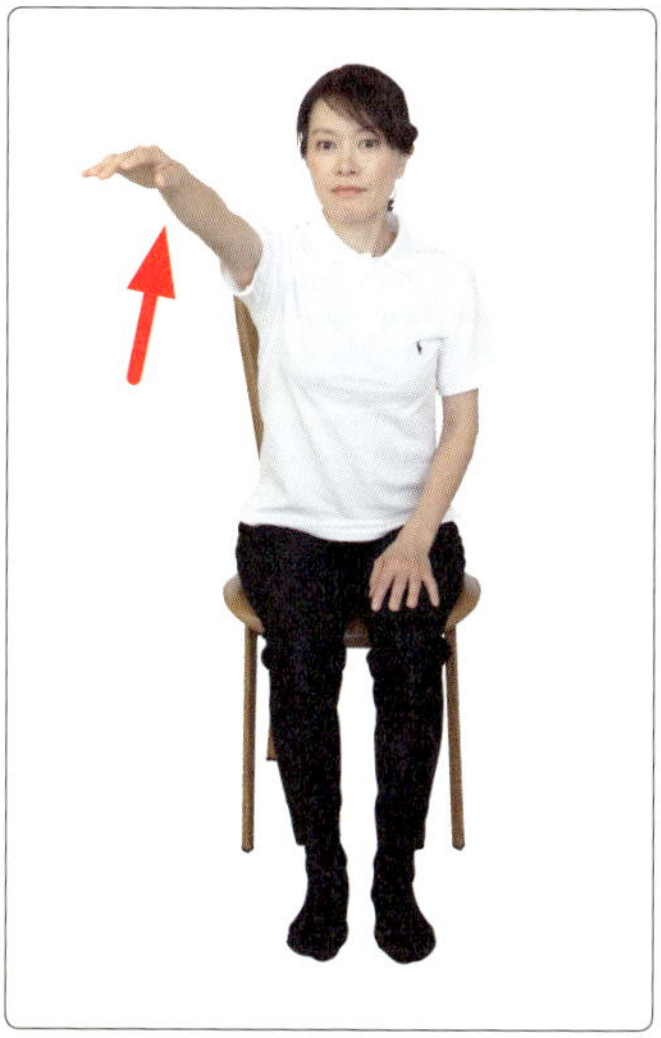

※基本の2、3の形ができない場合は、腕が上がるところまででよい。その位置で4の動作を行う。両手がむずかしければ、片手だけで行ってもよい

4 そのまま両手を少し開いたり閉じたりすることで、さらに胸鎖関節に力を集める。その力を抜かないまま、両手を斜め後ろにゆっくり下ろす

※手順1～4を、1～2回くり返す

人体力学 2

飲み込むときの苦痛をやわらげる 胸骨《きょうこつ》寄《よ》せ

ノドに詰まりを感じているときなどに行う操法。前屈し、胸が落ちて硬くなった胸骨をゆるめていきます。詰まっている場合は広げたほうがよいと思われるかもしれませんが、広げるのではなく、逆に縮めます。すると、体は逆の方向にはたらこうとします。

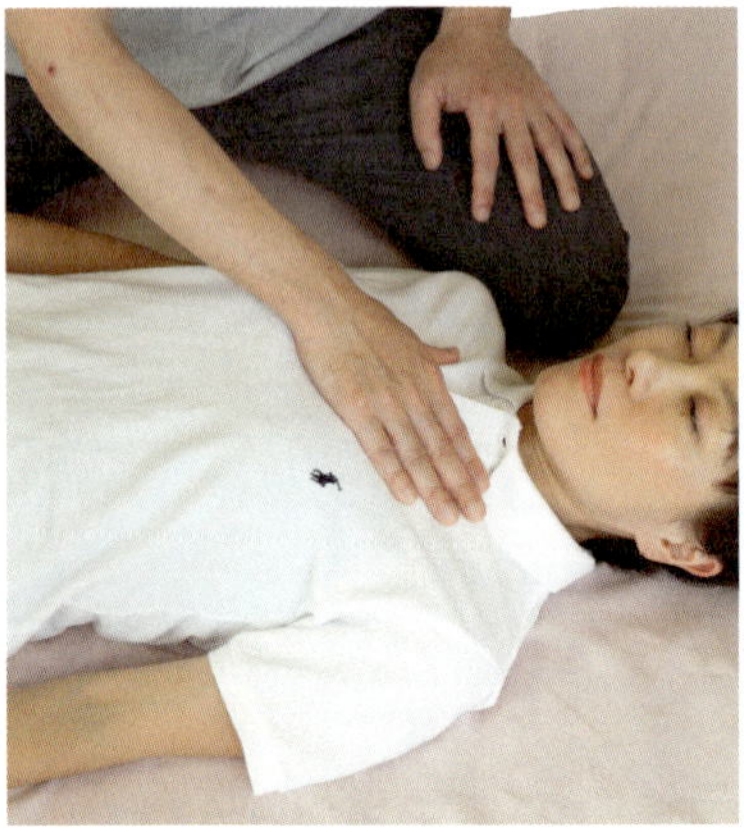

1 相手の右側にひざを開いて座り、右手のひらを大きくやわらかくあて、胸骨をやさしく挟む

介護の現場より、体験談

体を起こすベッドの角度と、食道の通りの関係

小林好子さん（人体力学講座・高等講座生）

脳梗塞で13年近く入院している寝たきりの母がいます。88歳。呼吸すること、ペースト食を食べること、排泄すること、それが母の仕事です。重い失語症のため、話すことができません。目だけが光っています。

週2回、母を訪ね、食事の介助と体のケアをしています。母は便秘や食事の飲み込みで苦労をしています。食事のときには、ベッドのリクライニングの角度によって、嚥下に違いがあることに気が付きました。ベッドを倒したほうが、食事が口からこぼれにくく、介助する側はラクなのですが、ベッドを起こしたほうが、首の緊張がゆるみ、ラクに飲み込めることがわかったのです。姿勢の大切さを痛感しました。

ここで学んだことは、ベッドの上でもどこでもできます。触れていると、体が変化し、表情も変わり、体が生きることを感じます。命の勉強です。

2

右手に左手を重ねる。重ねた左手で右手を挟むようにして、胸骨をまん中にやさしく寄せる。そのまま3～4呼吸、待つ

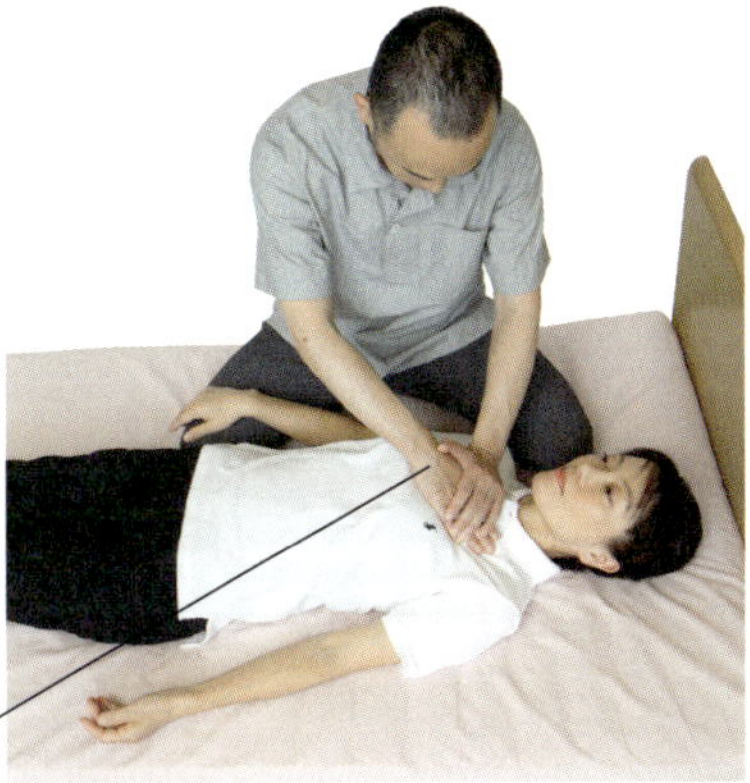

右手はあくまでも相手の状態を感じるセンサー、力を加えるのは左手

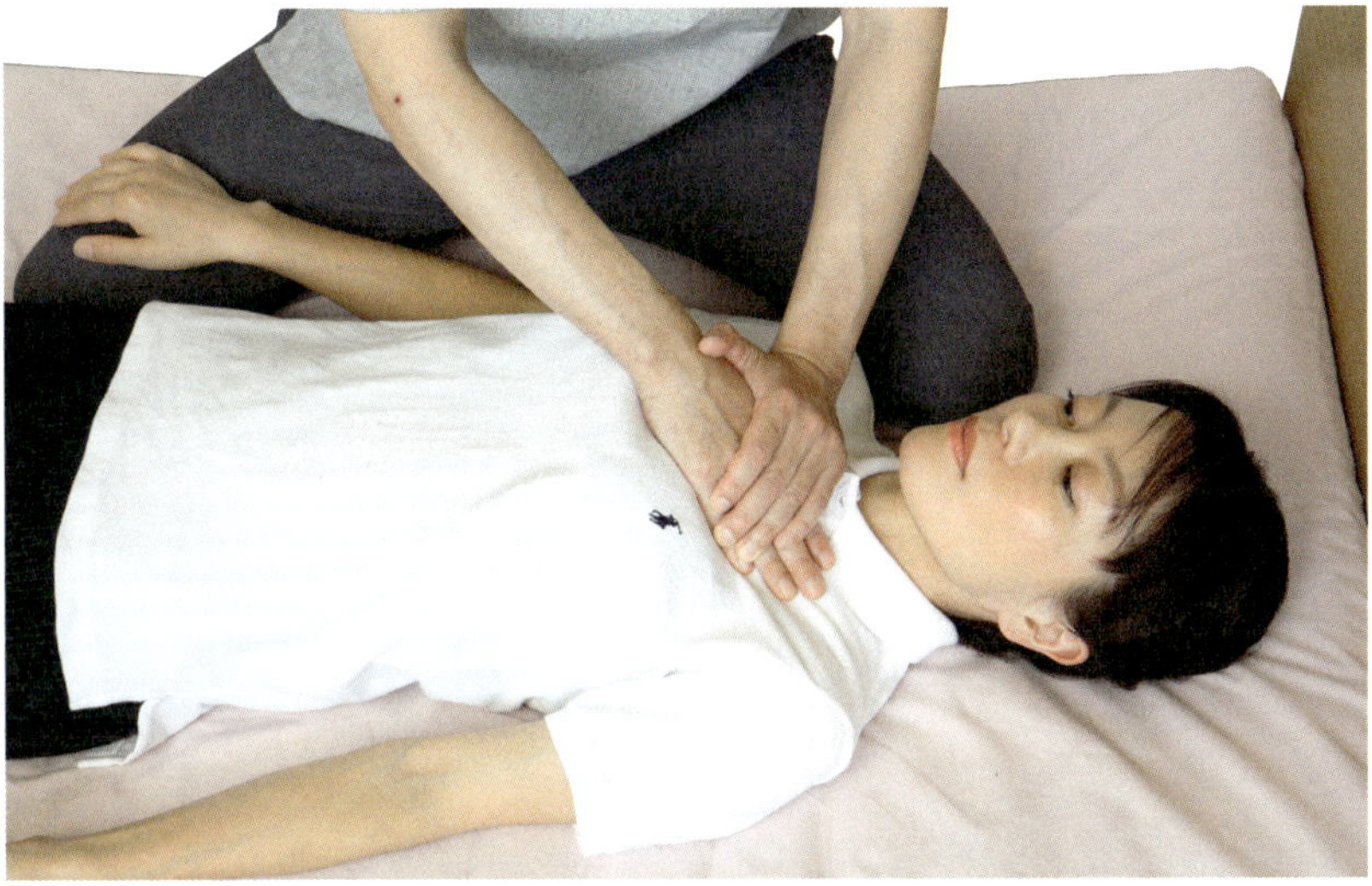

3

挟んでいるところが温かくなってきたり、脈を打ってきたら、相手の吸う息に合わせて左手をゆるめ、続けて右手をゆっくりゆるめていく

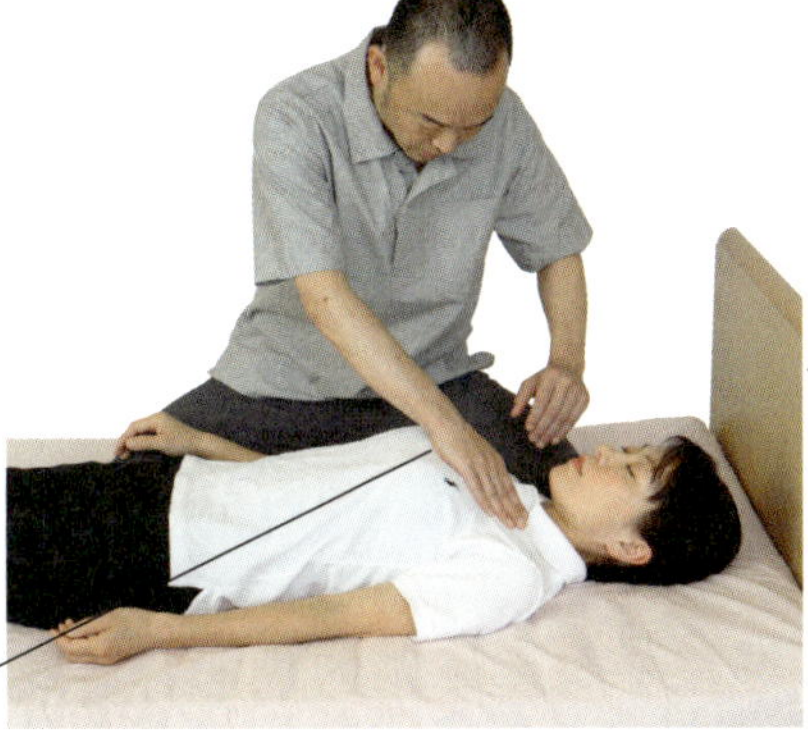

手をゆるめるときは、相手の大きい呼吸を誘導するようなイメージで

人体力学 3

ノドにものを詰まらせたときの対処法
背中の叩《たた》き方

咽喉《いんこう》、食道、気管などの狭窄《きょうさく》は、管やその周りの筋肉、関節が硬くなったために起こります。管が詰まったときは、その箇所と関連した背骨が突出して硬くなるので、その硬くなったところを「トンッ」と、中に響かせるように素早く叩くと管が開き、詰まったものが通ります。

※呼吸困難が起きるなどの緊急時は、救急車を呼ぶなど適切な対処をしてください

1 背骨の硬く飛び出したところ（胸椎2番から6番あたり）に、片方の手のひらをあてる

2 もう片方の手で、背骨にあてた手を「トンッ」と素早く叩いて離す

手を離すときのスピードが大事。熱いヤカンを触って「アチッ」と手を離すときのようなイメージでたたくと、奥まで刺激が浸透する

人体力学 4

ノドにものを詰まらせたときの対処法
吐き出させる方法

ノドに食べものなどを詰まらせた緊急時に、後ろから相手を抱えて吐き出させる方法です。季肋《きろく》部とは、ろっ骨の下のフチで、おなかとの境目にあたります。自分の姿勢を安定させて、あわてずに対処をしましょう。

※呼吸困難が起きるなどの緊急時は、救急車を呼ぶなど適切な対処をしてください

1 後ろから相手を抱くようにして、ろっ骨の下のフチに自分の手首をひっかけて、両手を組む

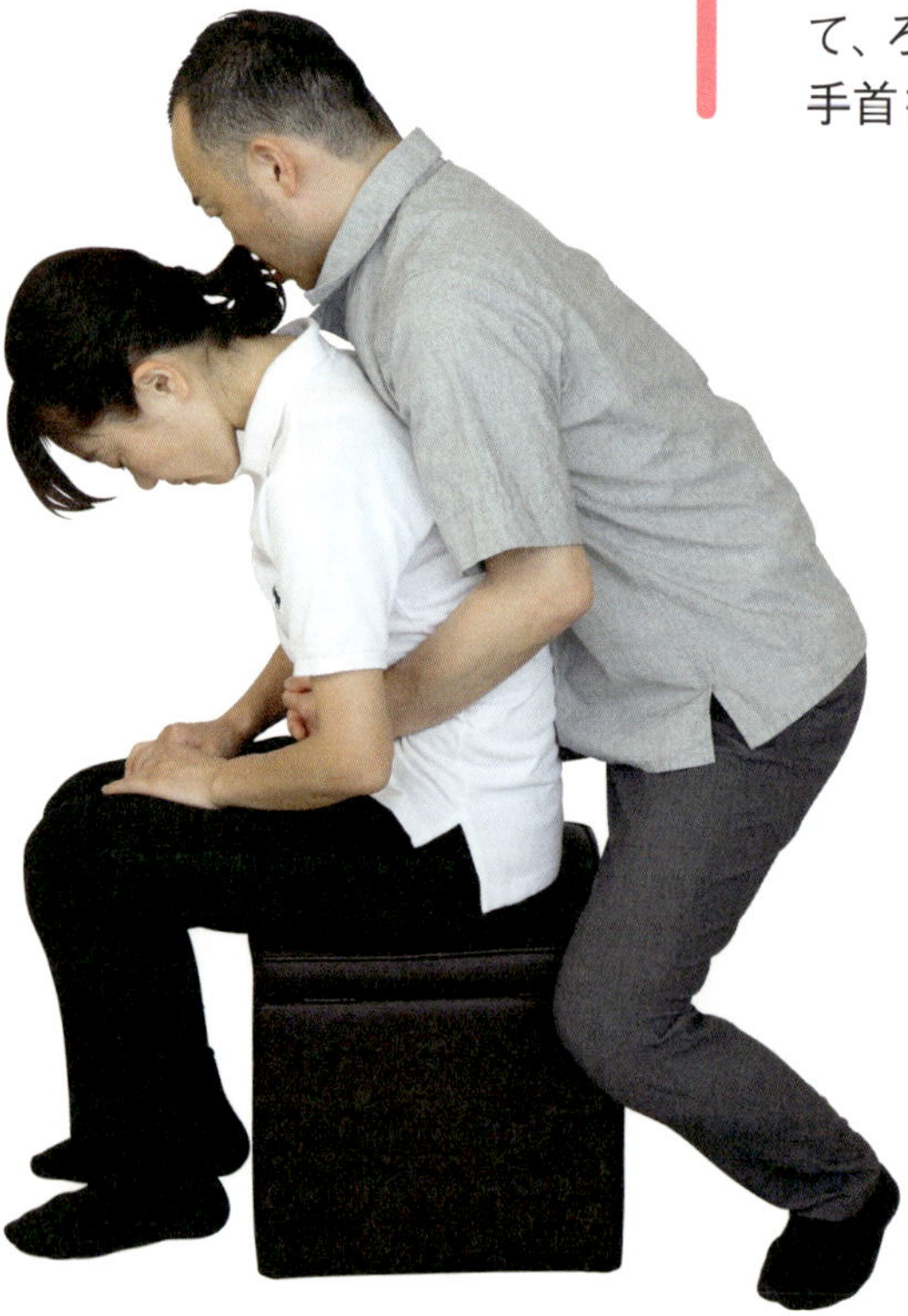

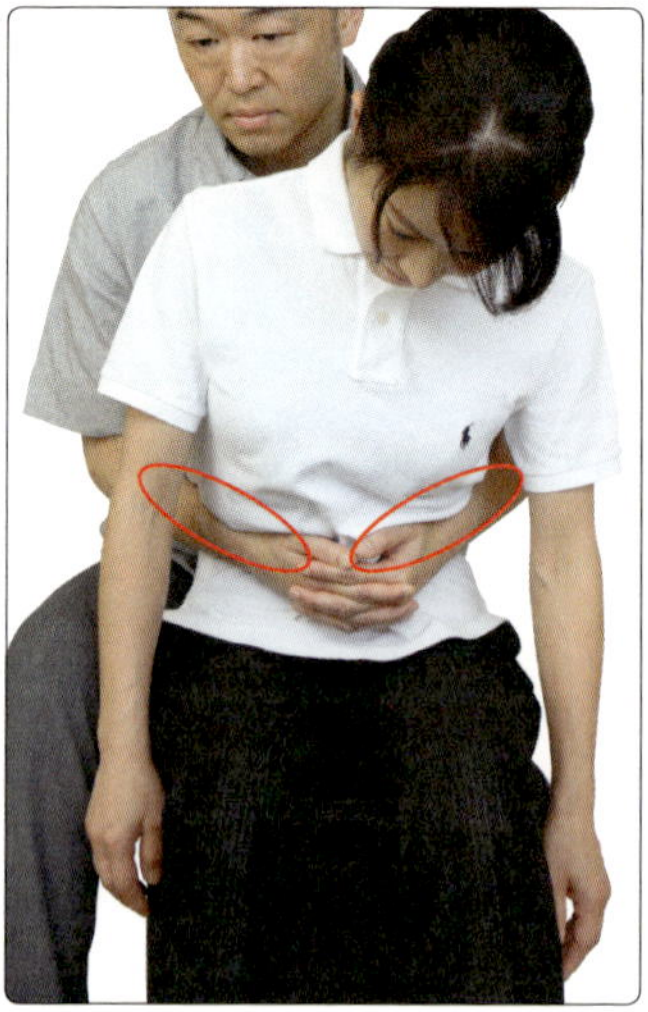

正面から見たところ。相手の季肋部に手首をひっかけて両手を組む

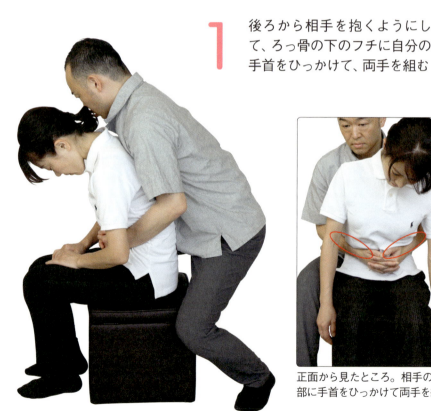

2 組んだ手首を支点に、ろっ骨のフチを内側に寄せながら持ち上げる

自分の腰を伸ばし、てこの原理で相手の胸を持ち上げるイメージで

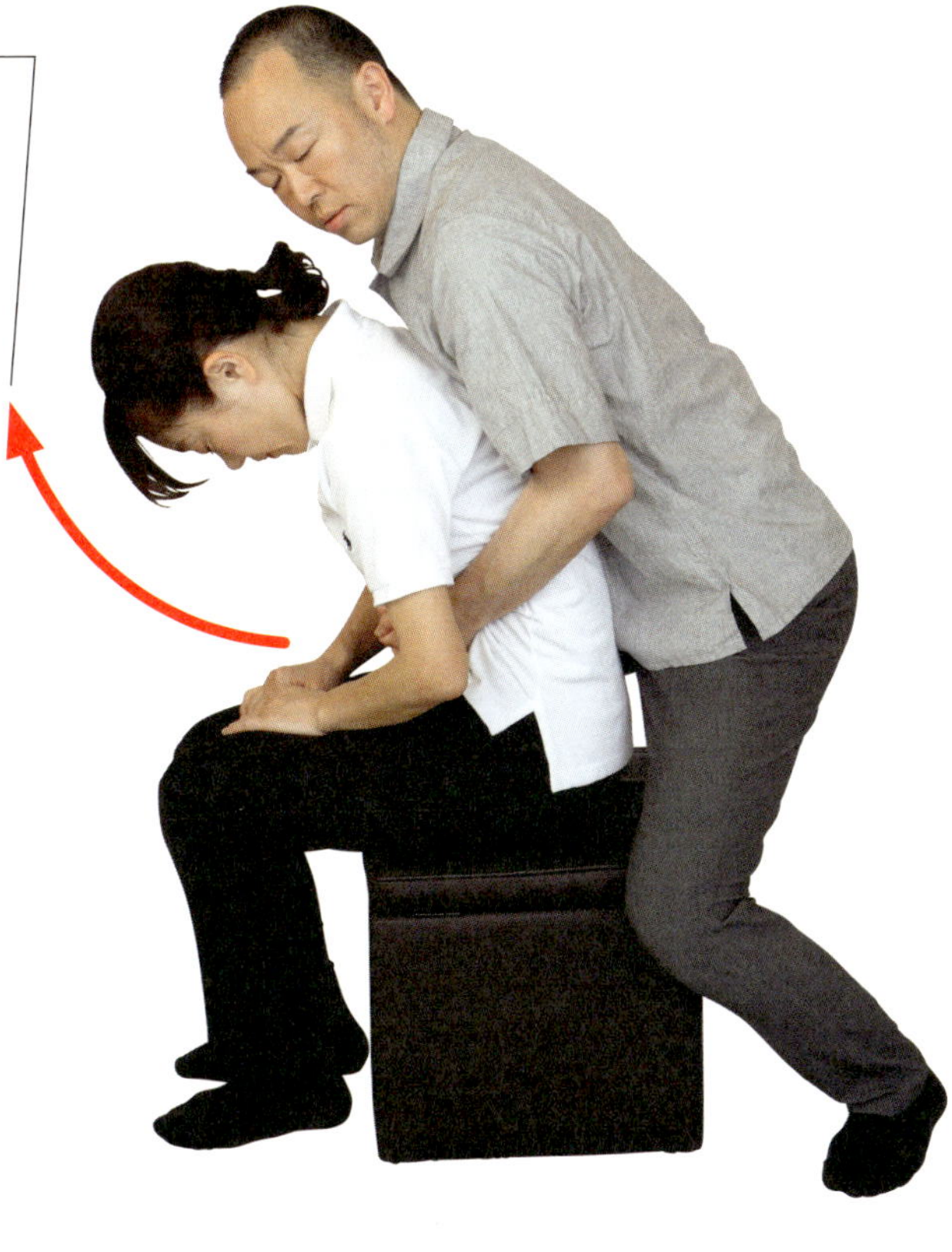

ケーススタディ別　人体力学

呼吸をラクにする、呼吸器関連のケア

呼吸が浅くなっている人、呼吸が苦しい人へのケア法です。

呼吸の要となる肺は、息を吸い込むとふくらみ、それに合わせてろっ骨が動き、胸郭《きょうかく》を広げます。しかし、高齢者の体形は、腰が下がって前屈し、両肩が前に出て、胸が縮んだ状態になっているため、肺のふくらみは制限されてしまいます。すると、胸郭が広がらなくなり、この動きで使われるはずの胸や背骨周辺の筋肉はどんどん弱っていき、硬直します。その結果、呼吸はますます浅くなり、呼吸が苦しいといったトラブルが生じる場合もあるのです。

呼吸器周りの筋肉をゆるめるためには、胸鎖関節《きょうさかんせつ》（鎖骨や胸骨の接合部）を軸にして腕を動かす、胸を開く体操を行います。トラブルが起きやすい体形を改善し、肺を丈夫にするケアを行っていきましょう。

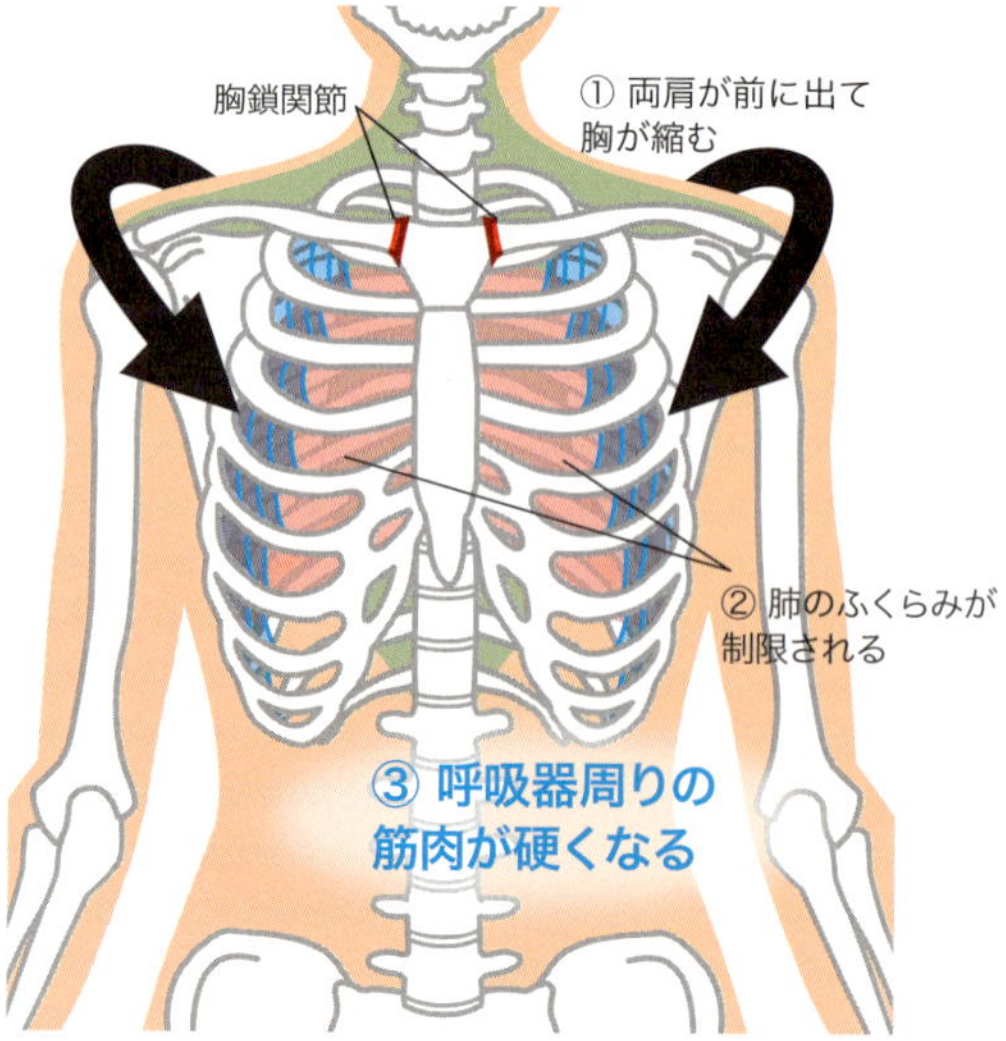

胸鎖関節
① 両肩が前に出て胸が縮む
② 肺のふくらみが制限される
③ 呼吸器周りの筋肉が硬くなる

人体力学 5

浅くなった呼吸を改善する仰《あお》向けで胸を開く体操

呼吸をラクにするために、介護を受ける人に自分でやってもらう体操です。胸鎖関節を軸に腕を動かすことで、胸や背骨周辺の筋肉をゆるめ、胸郭を広げやすくしていきます。介護を必要としているか否かにかかわらず、日ごろからこの体操を行い、肺のはたらきを高めておきましょう。

1　仰向けになり、ひじを曲げて胸の高さまで上げる

2 胸鎖関節を軸に、ひじを曲げたまま、3～5回開いたり閉じたりする

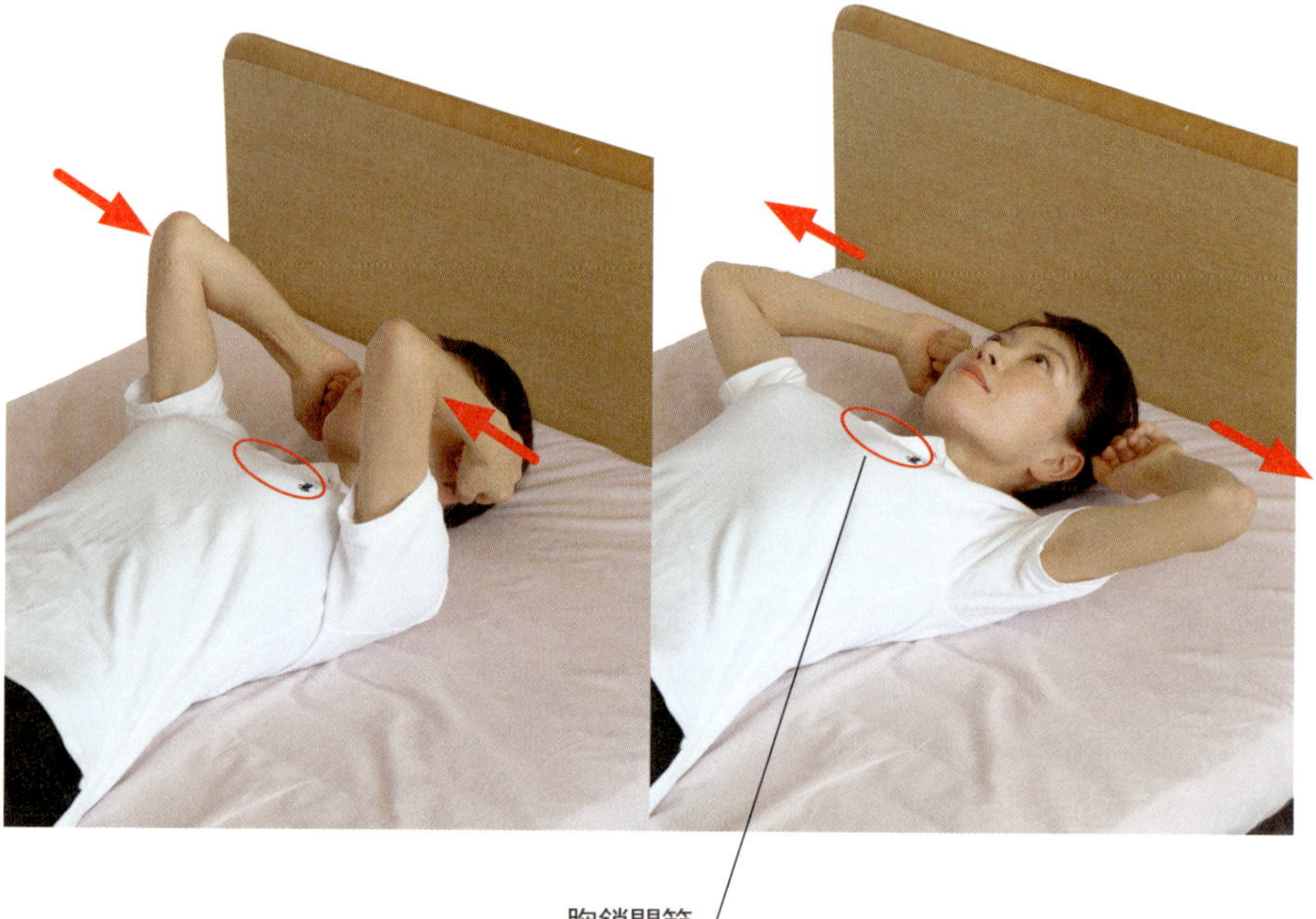

3 続けて、胸鎖関節を軸に、右ひじと左ひじを交互に、3～5回上下に動かす

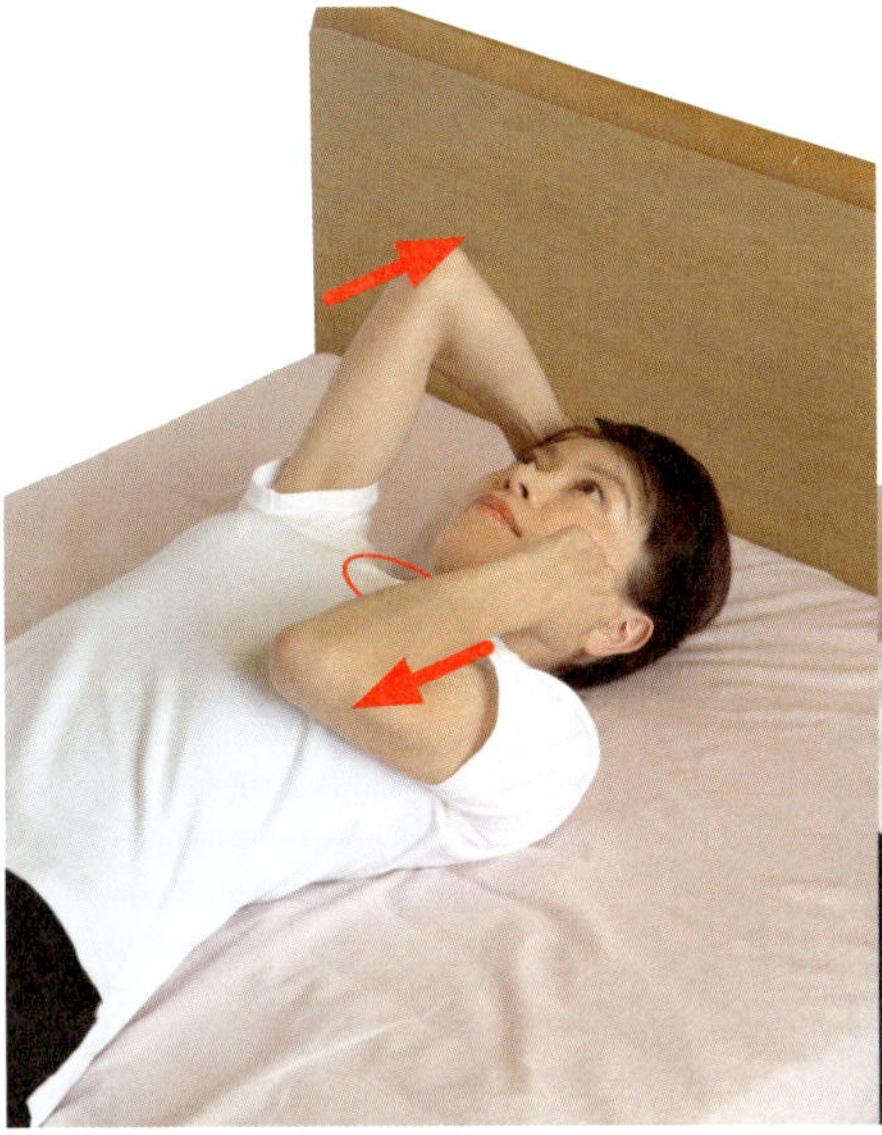

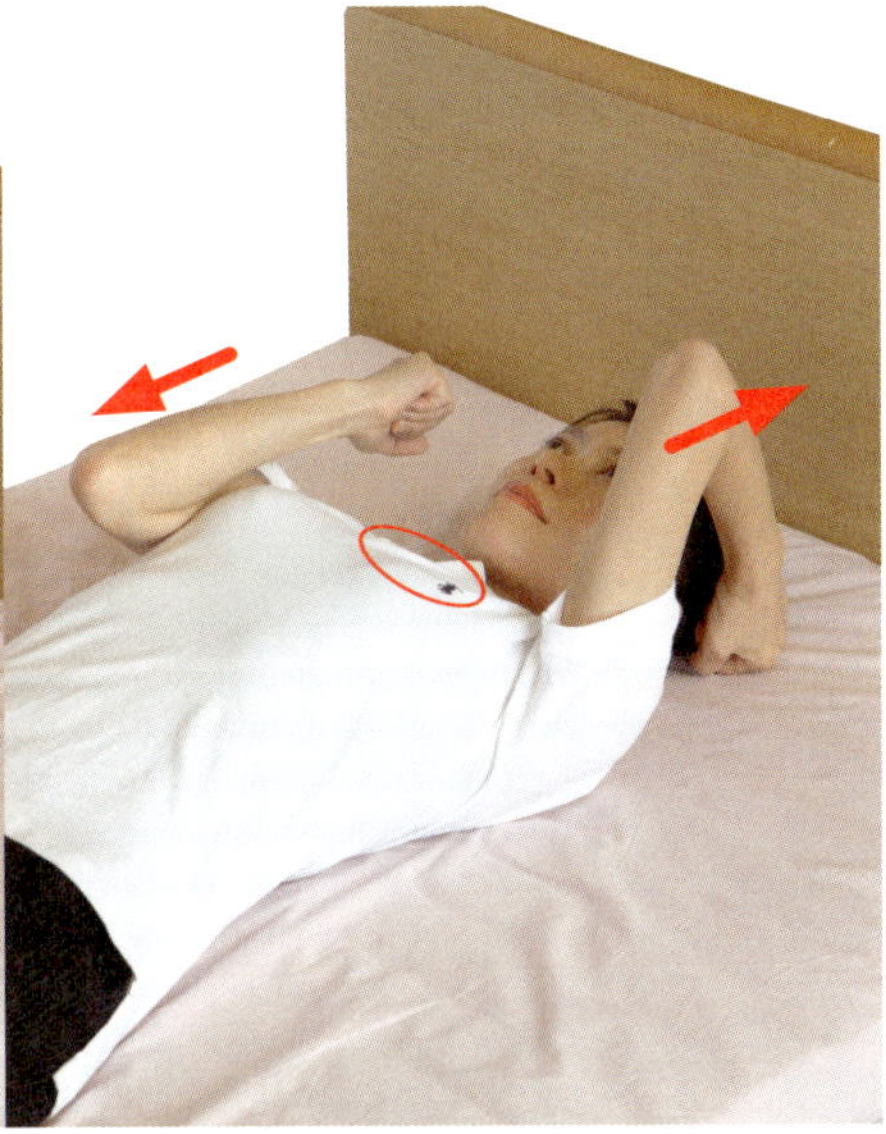

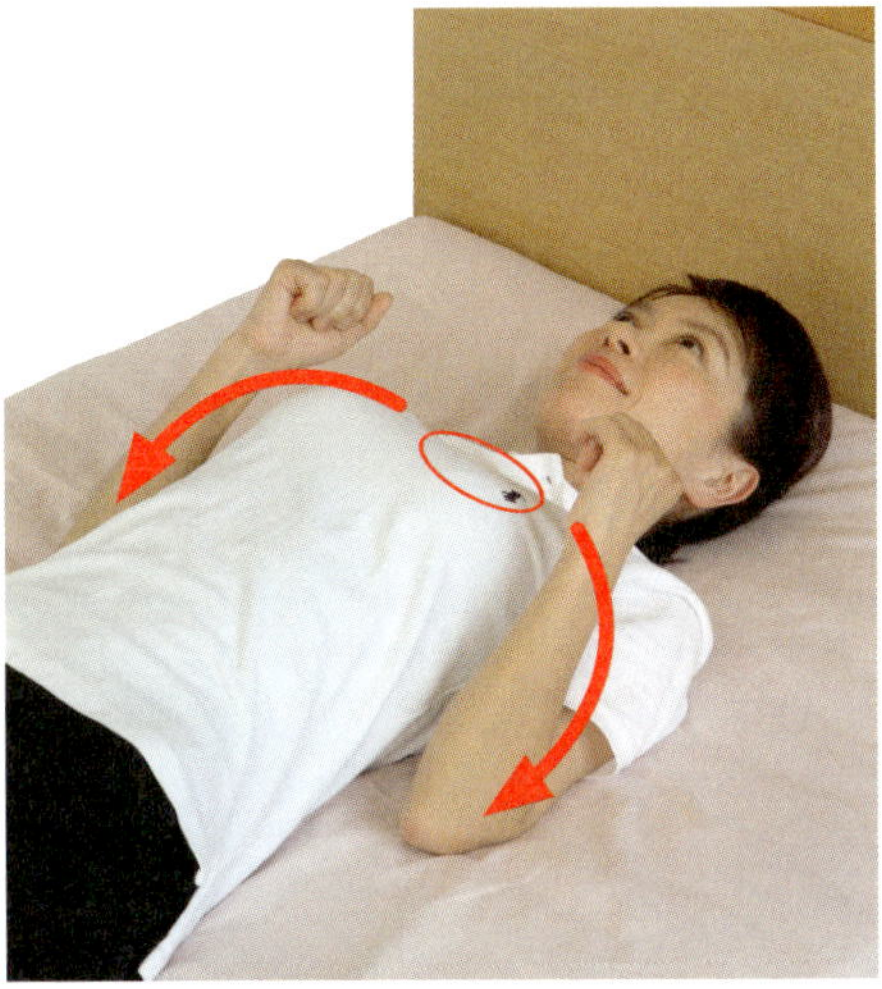

4 ひじを横に開きながら、胸鎖関節を軸に円を描くようにして下ろしていく

※手順1～4を、1～2回くり返す

人体力学 6

呼吸が苦しいときに ろっ骨寄《よ》せ

呼吸が苦しいときは、ろっ骨が外に開いて張ったり、下がったりして硬くなっています。そんなときは、広げようとするよりも、内に寄せて縮めてあげるとゆるんできます。手とひざで相手のろっ骨を挟むようにしていると、呼吸がラクになって落ち着いてきます。

1 相手の右側に位置し、右ひざを相手のろっ骨の側面にぴったりつける。相手によりかかるようにしながら、右手を相手の左側のろっ骨に添える

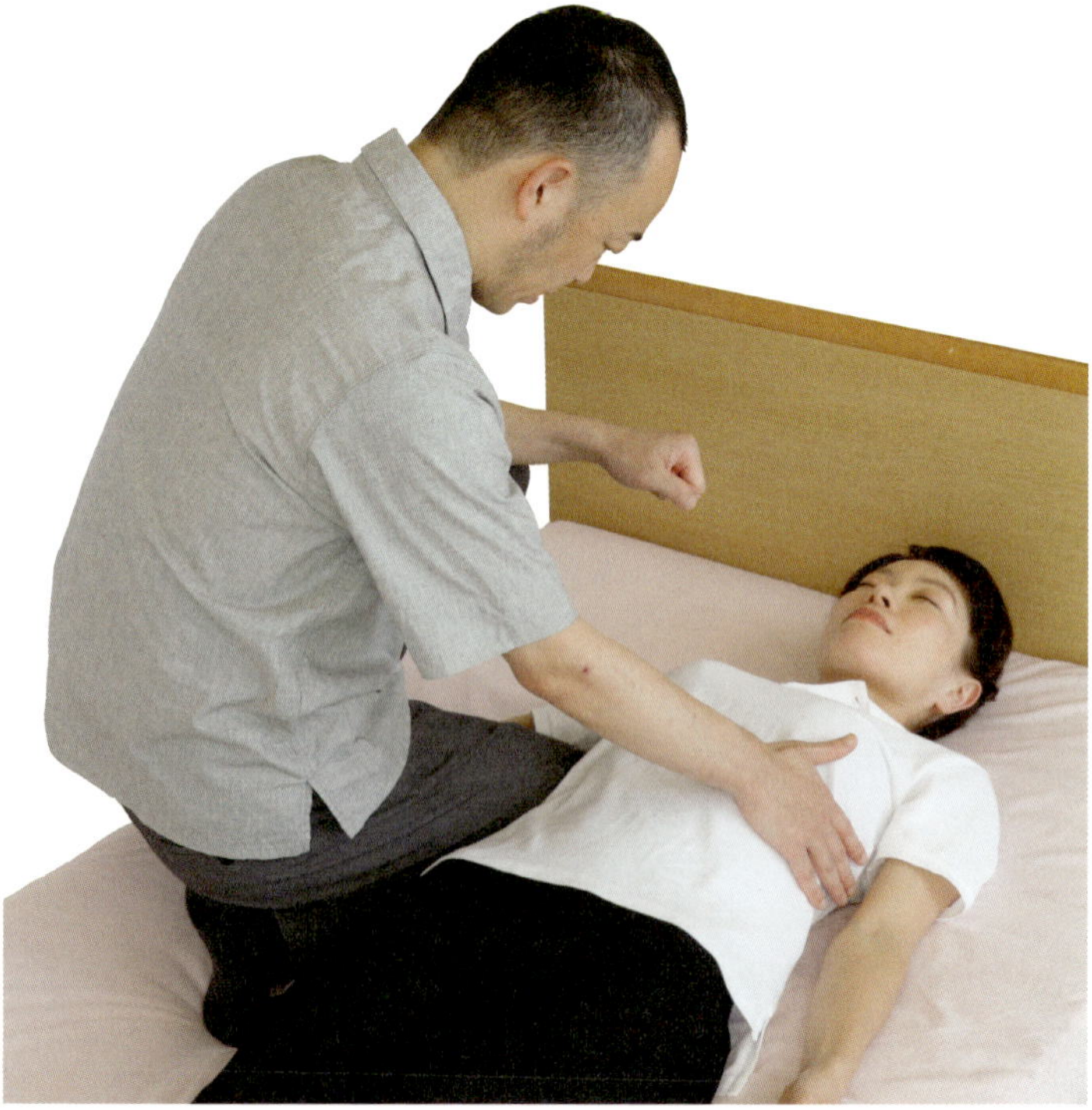

2 自分の右手に左手を重ね、左手を少し手前に引く。右ひざと両手で、相手のろっ骨をやさしくまん中に寄せたら、そのまま３～４呼吸、待つ

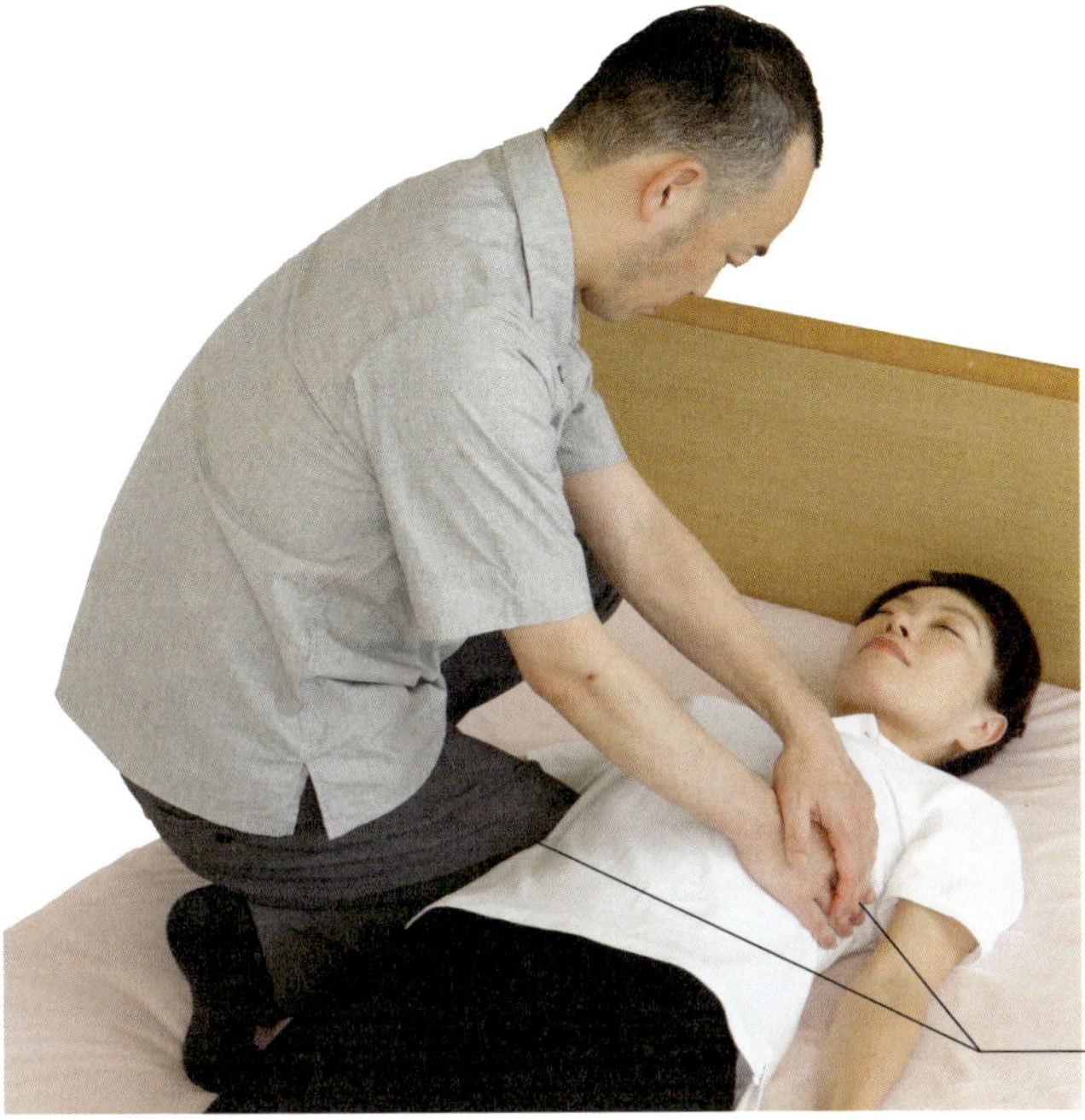

右ひざと両手で、相手のろっ骨をやさしくまん中に寄せる

3 挟んでいるところが温かくなってきたり、脈を打ってきたら、相手の吸う息に合わせて左手をゆるめ、続けて右手をゆっくりゆるめていく

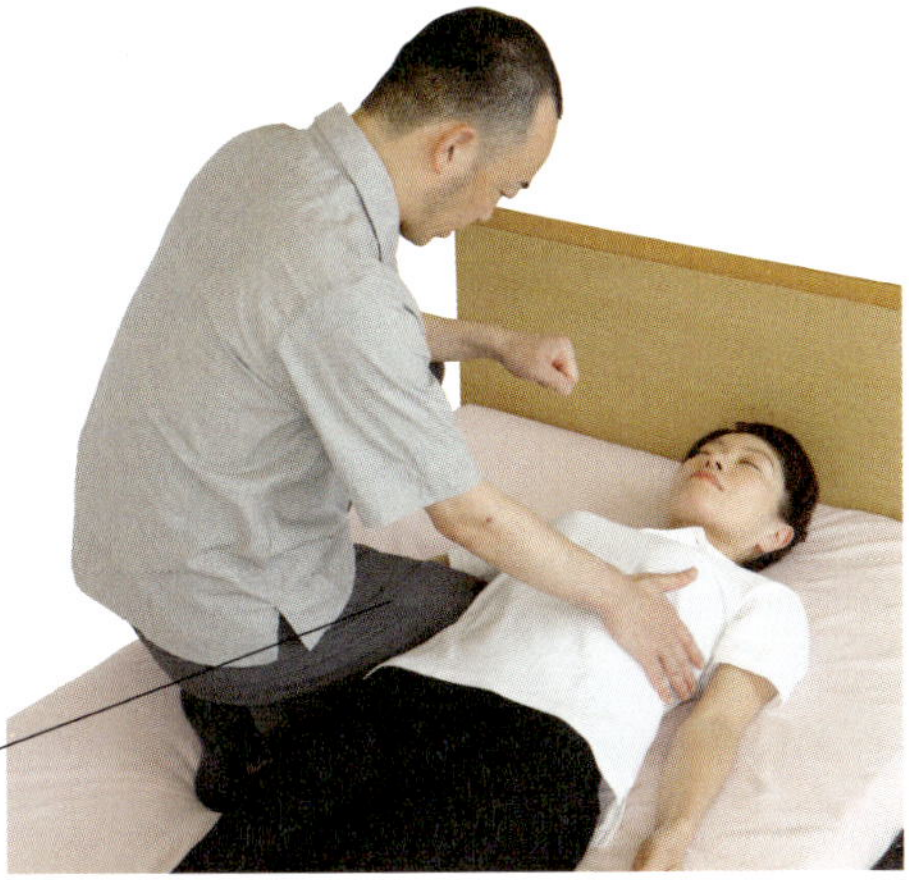

手をゆるめるときは、相手の大きい呼吸を誘導するようなイメージで

ケーススタディ別　人体力学

泌尿器関連と便通を助けるケア

排尿の回数が多い、尿が出ない、便秘がちな人へのケア法です。

高齢者になると、腰が後彎《こうわん》して周囲の骨や筋肉が硬くなり、肛門、膀胱などのはたらきが悪くなってトラブルが多くなってきます。たとえば、排尿の回数が多い人は、腎臓系の急処である、大腿《だいたい》二頭筋《にとうきん》が縮んだ体形をしているので、太ももの裏側を伸ばし腎臓系の流れを良くすることで、泌尿器のはたらきも良くしていきます。腎臓系がゆるむと代謝が良くなり、健康で元気な生活を送れるため、大腿二頭筋は長命の急処とも呼ばれています。

また、高齢者は、便秘に悩まされることも多々あります。体は呼吸によって、緊張と弛緩をくり返しています。これはおなかも同じで、おなかが痛いということは、収縮して排泄を促そうとしているのです。おなかの緊張と弛緩を助ける操法で、便通を促すケアを行っていきましょう。

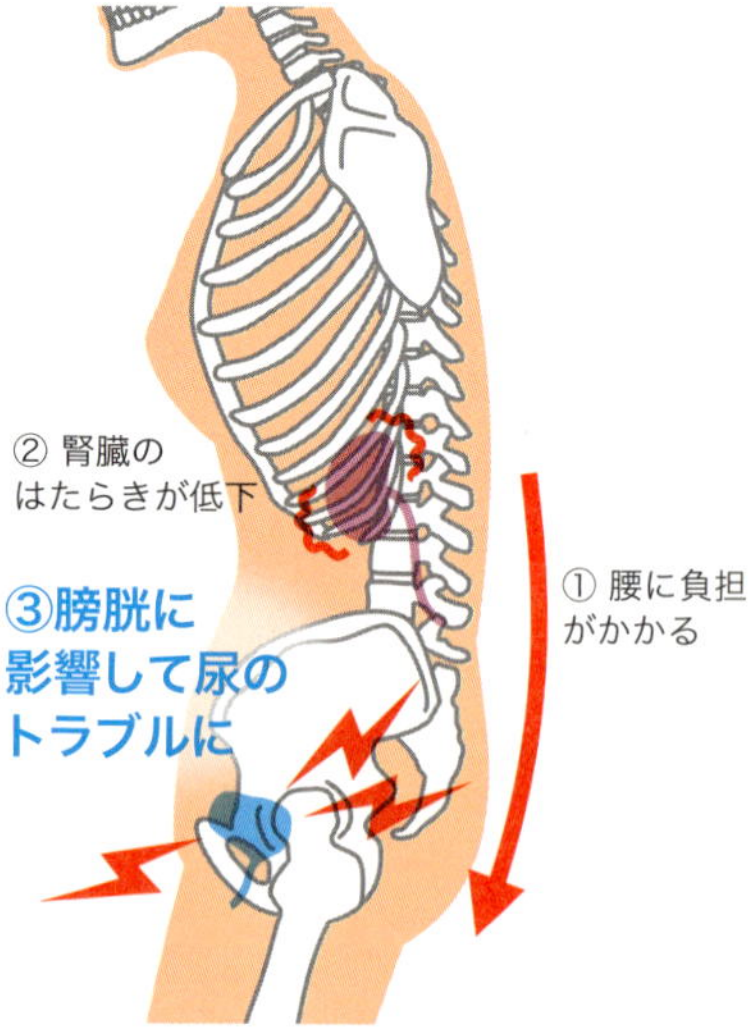
② 腎臓の
はたらきが低下
① 腰に負担
がかかる
③膀胱に
影響して尿の
トラブルに

人体力学 7

尿のトラブルを軽減する コウモリ様《よう》体操

尿のトラブルを軽減するために、介護を受ける人に自分でやってもらう体操です。コウモリのように足を上げて逆さになる体操です。おしっこが近い人は、太もも後面にある大腿二頭筋が縮んだ体形をしています。大腿二頭筋は、腎臓系の急処。もも裏の筋肉を利用して腎臓を刺激していきましょう。

1　仰向けになり、両ひざを曲げる。両手は、左右のひざに置く

2 左右のひざを交互に数回、胸に近づけて、腰周りの筋肉をゆるめる

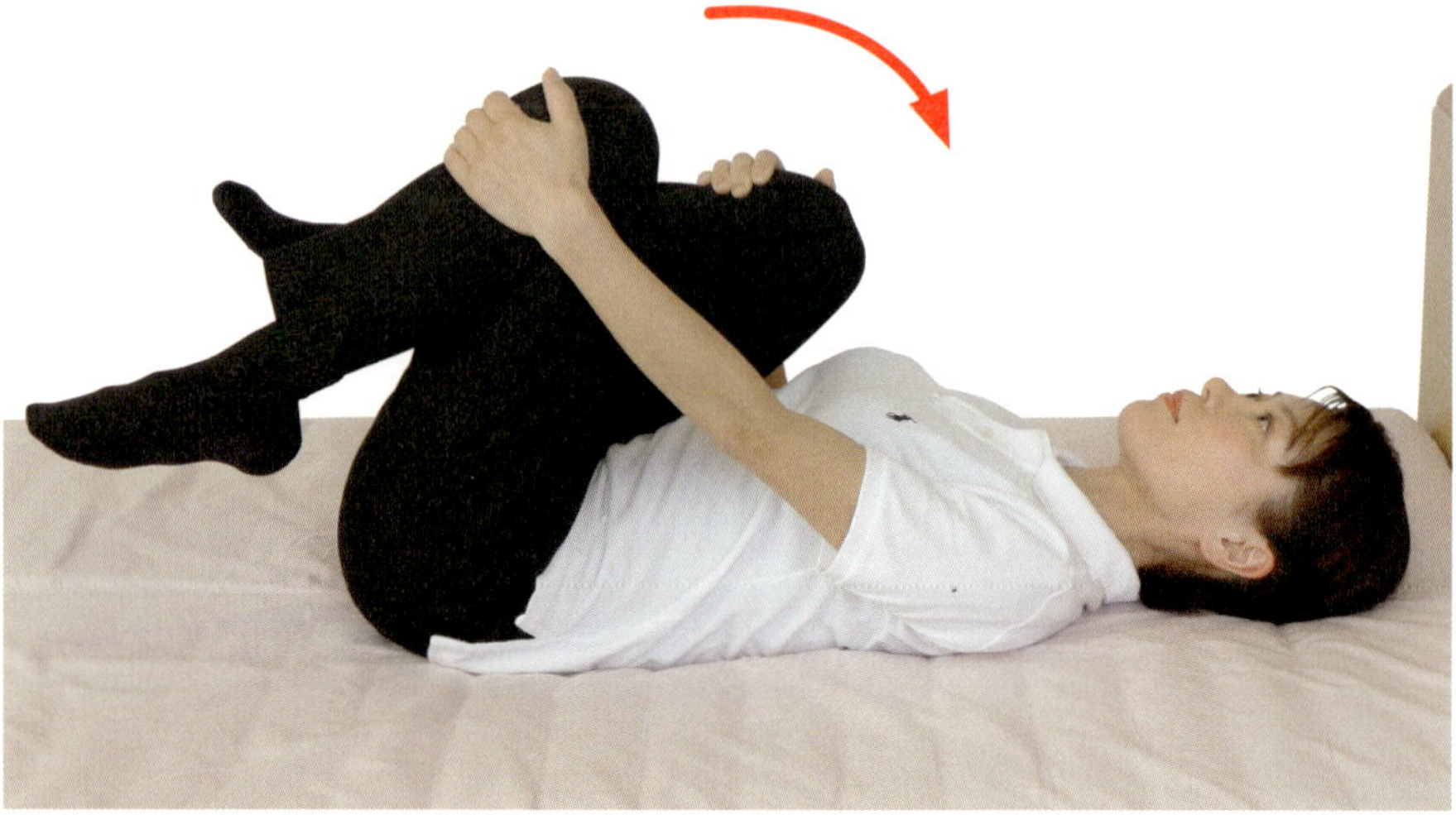

介護の現場より、体験談

骨折・介護に活かせた技術

渡辺丈洋さん（人体力学講座・プロ講座生）

91歳の母親が、肩の骨折をきっかけに介護施設に入所して4年になります。千葉から静岡まで週1回、様子を見に通っています。肩の骨折の後も、大腿部骨折、腰椎骨折と骨折を繰り返しましたが、今は施設の中を歩行器で歩けます。

実家に戻った際に、体を診たり、体操を教えたりしています。初等講座に入門してすぐの頃から、おなかに硬いものがあるときにも、おなかに触れて呼吸をリードすることでゆるんだことが何回もあります。コウモリ様体操も行っています。太もも裏の腎臓の急処を伸ばす体操です。トイレが一時、間に合わなくなっていたのですが、それが回復したのも助かりました。「脚の裏を伸ばして」と言うと、母親は一生懸命伸ばし、「気持ち良かった〜」と言います。あくまで、本人が伸ばすことが大切ですね。

3

両足を上に伸ばして、手のひらを左右の太ももの裏に置く。片方のかかとを上に押し出すようなイメージで、真上に伸ばす。これを左右交互に数回行う

※手順1～3を、1～2回くり返す

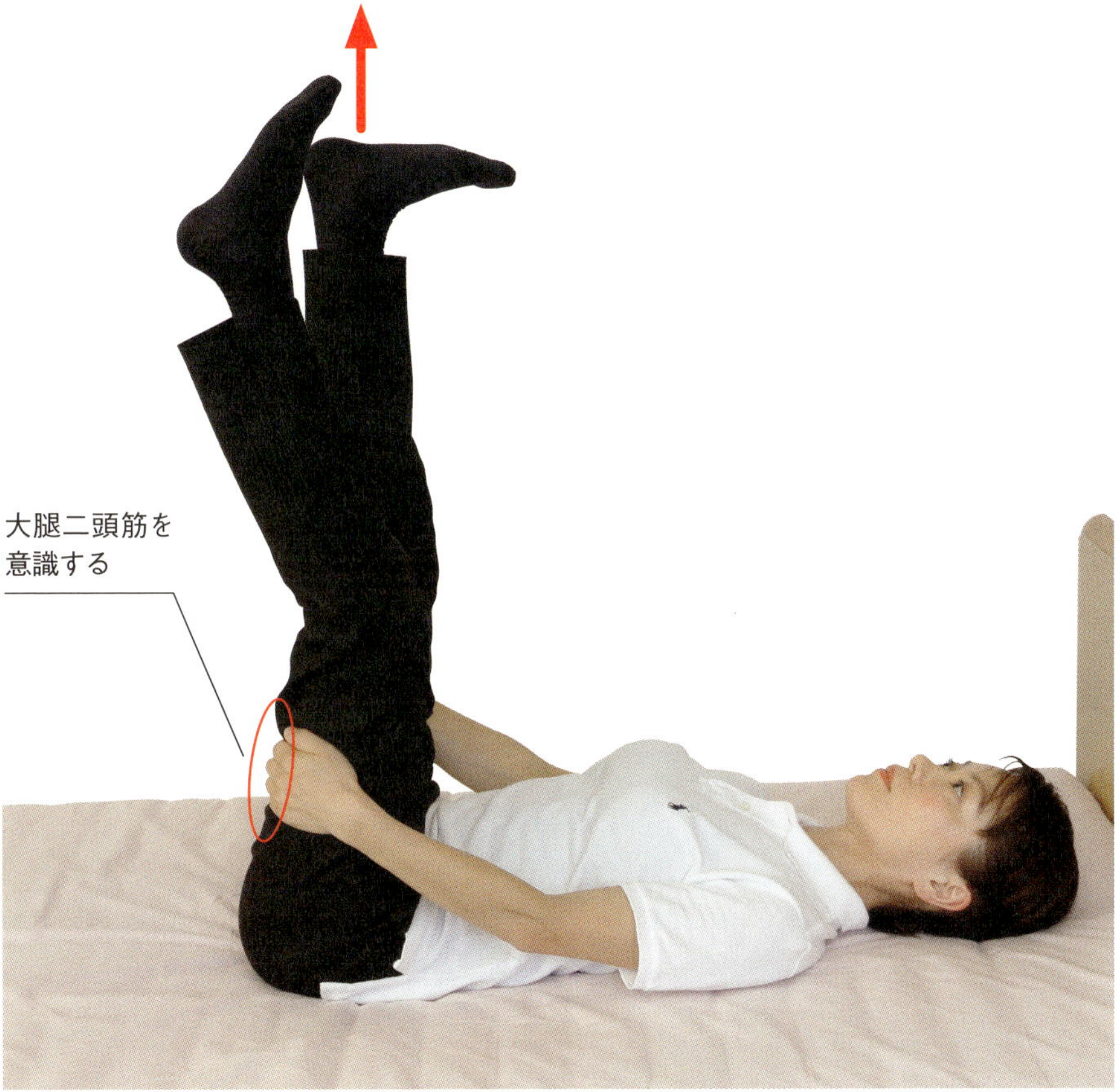

人体力学 8

便通を助ける 腹部寄《よ》せ

体は呼吸によって、緊張と弛緩をくり返しています。便意があるときもきゅーっとおなかが痛くなります。この収縮しようとするはたらきを助けて、おなかを寄せるようにすると、おなかのはたらきが高まって流れが良くなり、便通を助けてくれます。

1 相手の右側にひざを開いて座り、右手のひらをおなかにあて、親指と残り４本の指でやさしく腹直筋を挟む

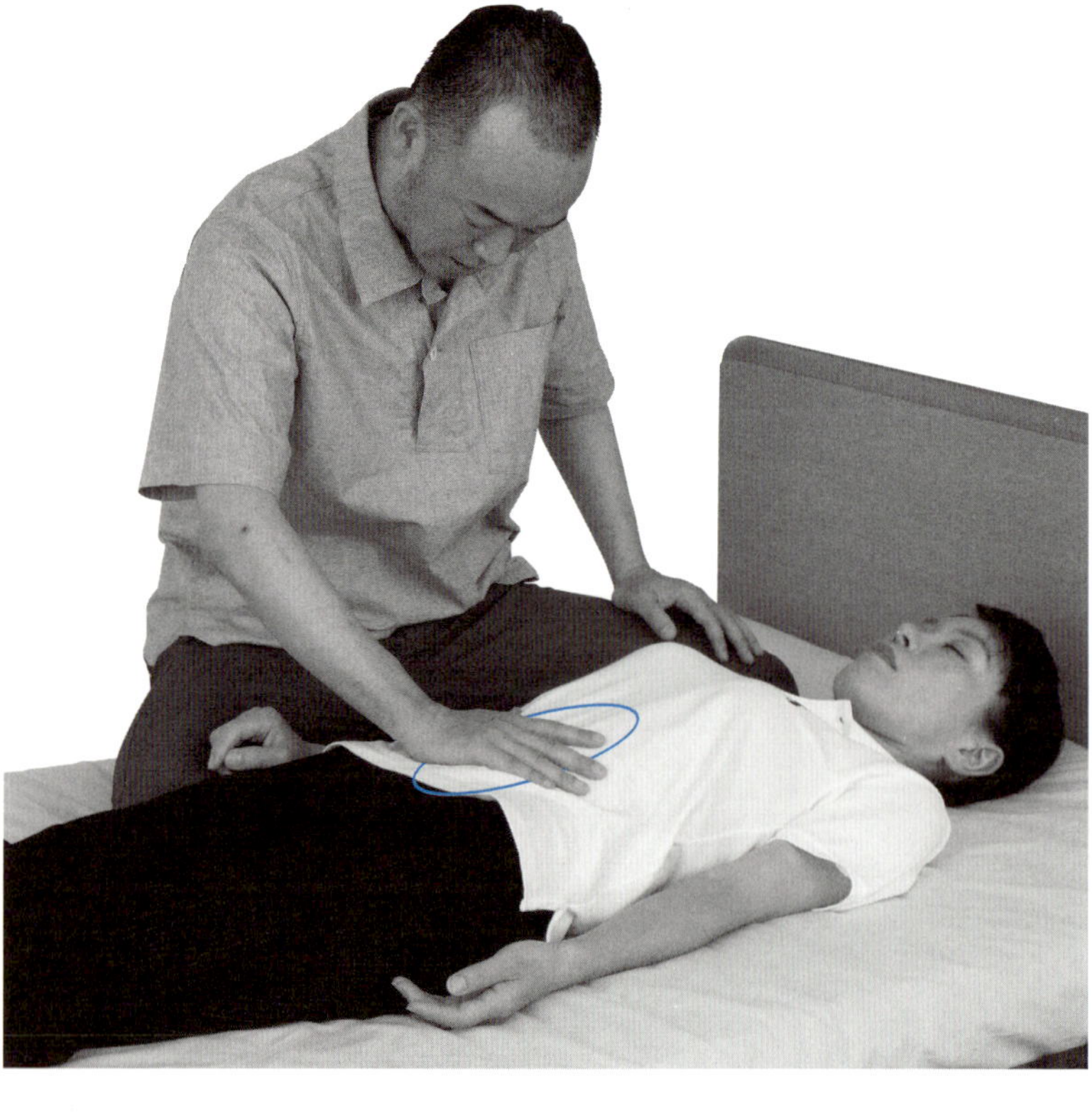

2 右手に左手を重ね、左手で右手を挟むようにして、おなかをまん中にやさしく寄せる。上から順番に位置を3か所ほどずらして行い、いちばん寄せにくいところで、そのまま3～4呼吸、待つ

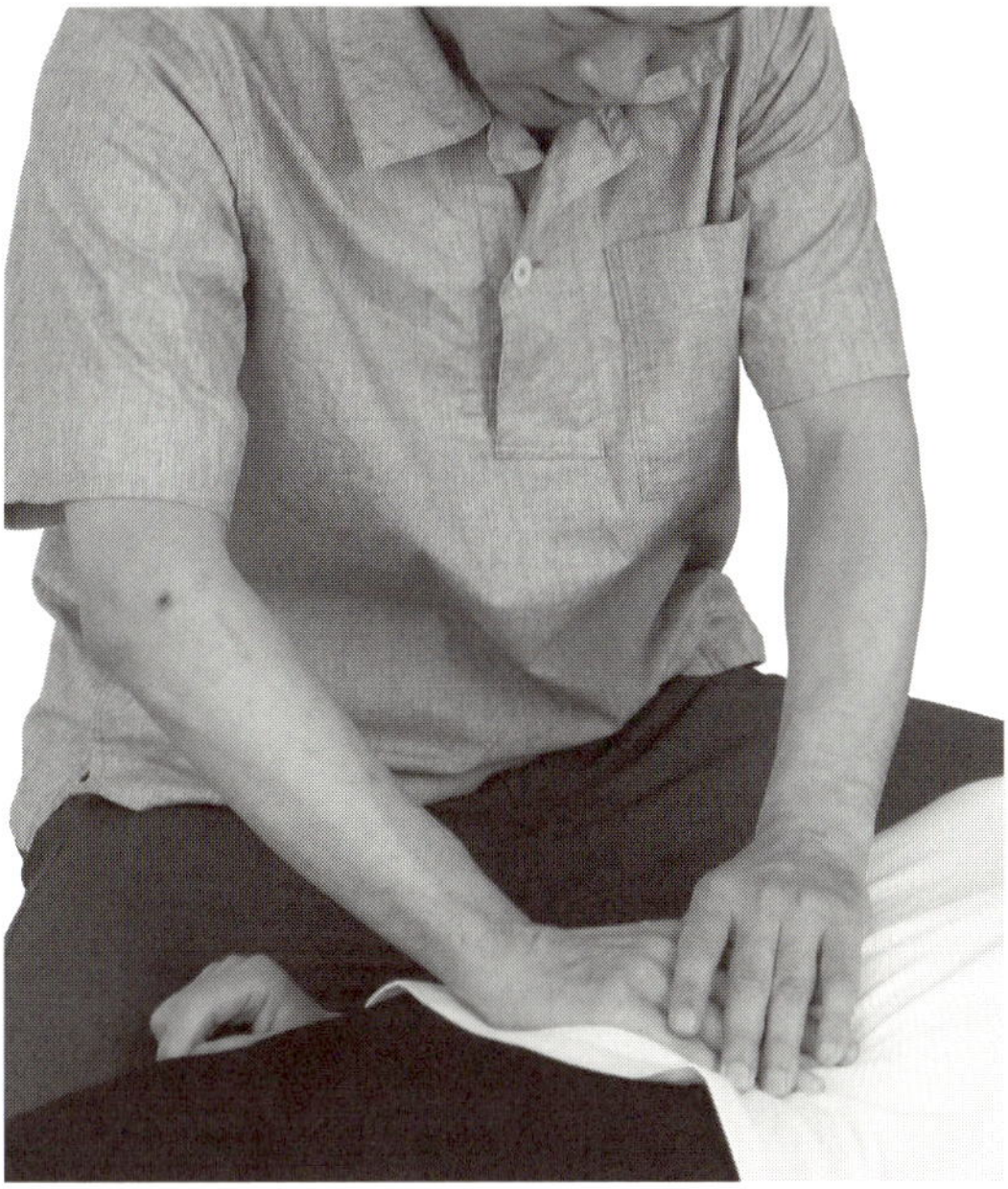

3 挟んでいるところが温かくなってきたり、脈を打ってきたら、相手の吸う息に合わせて左手をゆるめ、続けて右手をゆっくりゆるめていく

手をゆるめるときは、相手の大きい呼吸を誘導するようなイメージで

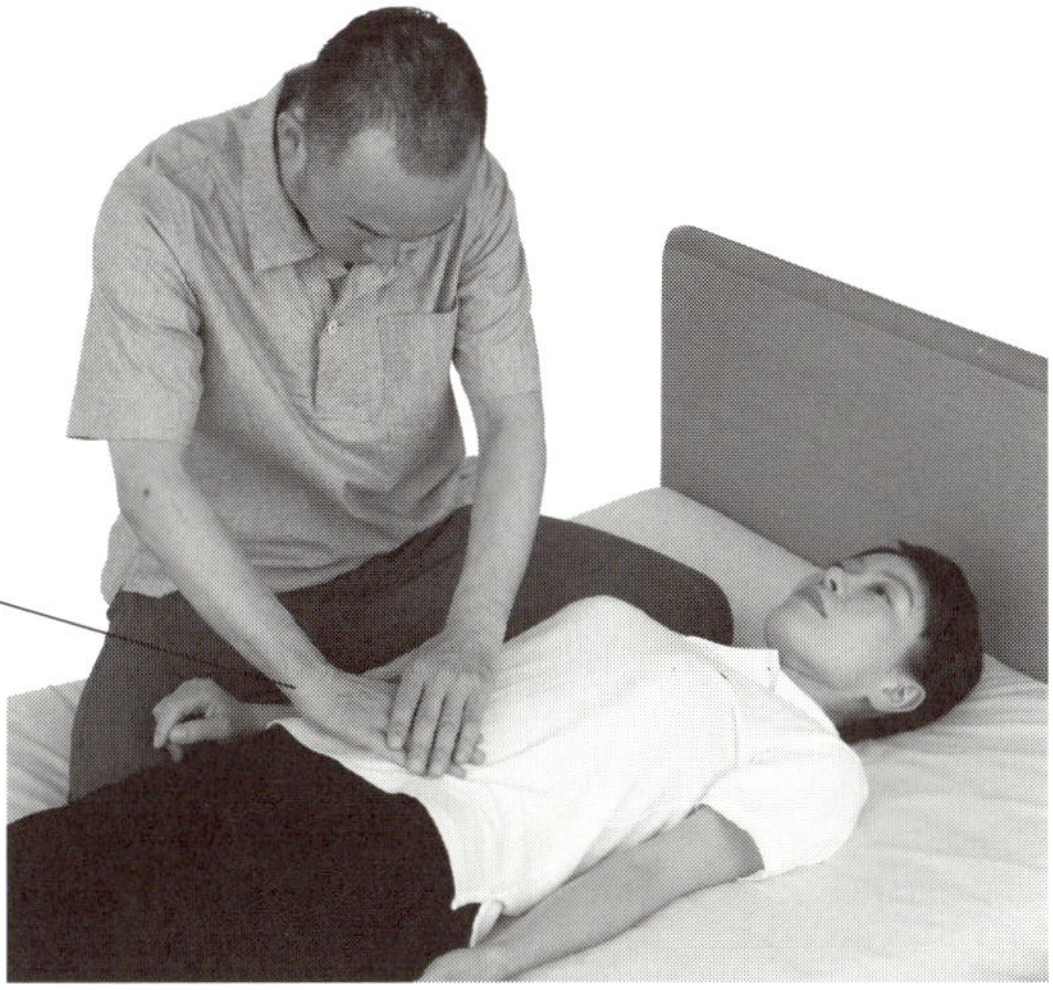

ケーススタディ別　人体力学

気分を明るくする心のケア

イライラしている人や、気持ちが落ち込みがちな人へのケア法です。ストレスを発散できない人は、体を緊張させていることが多く、それをゆるめるのが苦手。そのような人は疲れも溜まっているせいで、前屈姿勢になり、よけいに体が緊張し、ゆるめることができなくなっています。高齢者の体形も、腰が下がった前屈姿勢、両肩が前に出て胸が縮んでいます。ろっ骨が落ちてろっ間が詰まると、心臓や肺が圧迫されて、呼吸が浅くなっています。こうした心肺機能の低下は背骨を硬直させ、その影響は自律神経系に影響し、心の乱れを生み出すのです。

ここでは、心身の緊張をゆるめる操法と、硬直した背中周辺の筋肉をゆるめてイライラ・不安を解消する呼吸法を紹介します。体がゆるむと気持ちも自然と明るくなります。

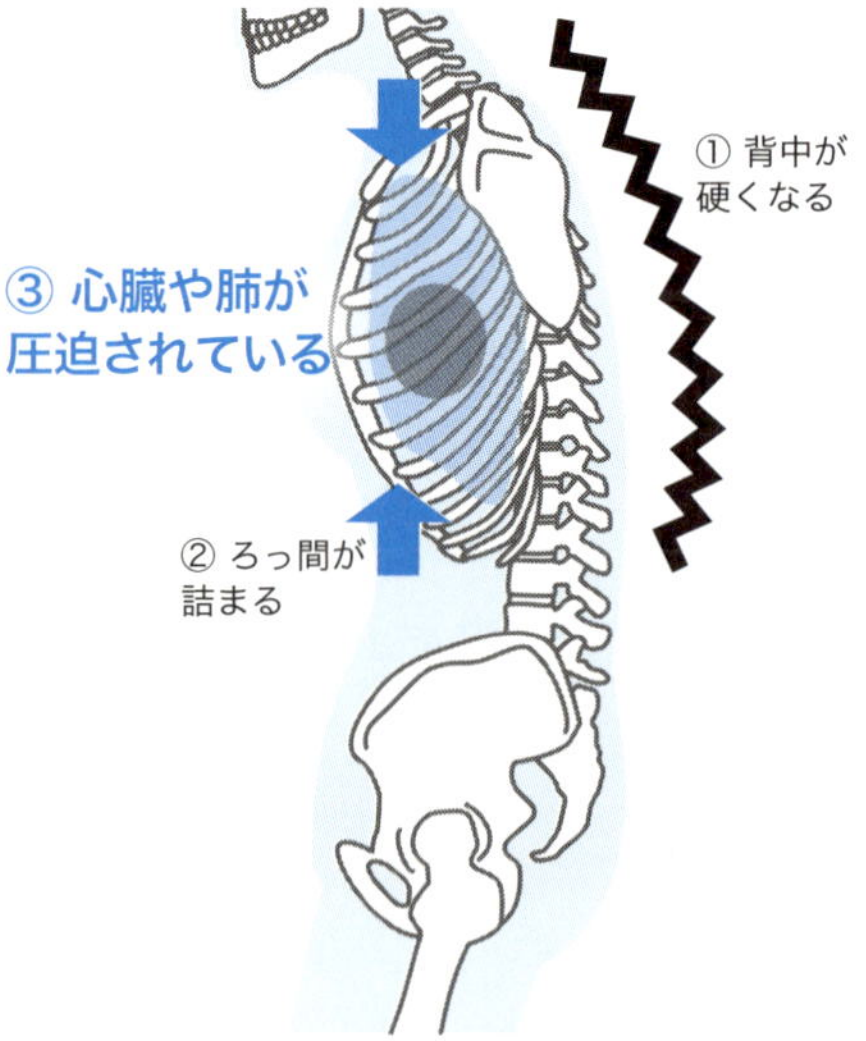
① 背中が
硬くなる
③ 心臓や肺が
圧迫されている
② ろっ間が
詰まる

人体力学 9

気持ちが高ぶっているときに鎮心《ちんしん》の処《しょ》

緊張やイライラで気持ちが高ぶっている人に行うとよい操法。手に汗握る、という言葉があるように、人は緊張すると知らず知らずのうちに手を握っています。手のひらのまん中にある「鎮心の急処」に導気することで心理的な緊張がゆるみ、心がおだやかになります。

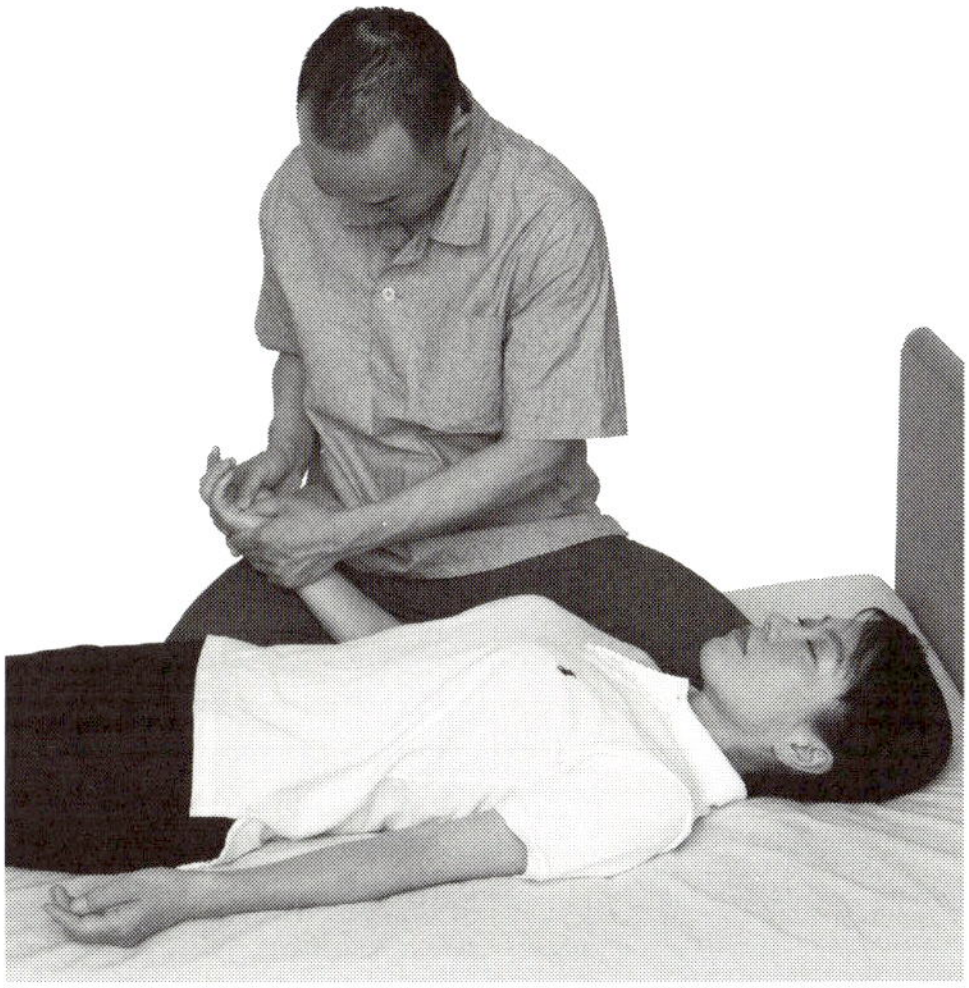

1 相手の右側に座り、自分の片方の親指を、相手の右手のひらのまん中にあてる

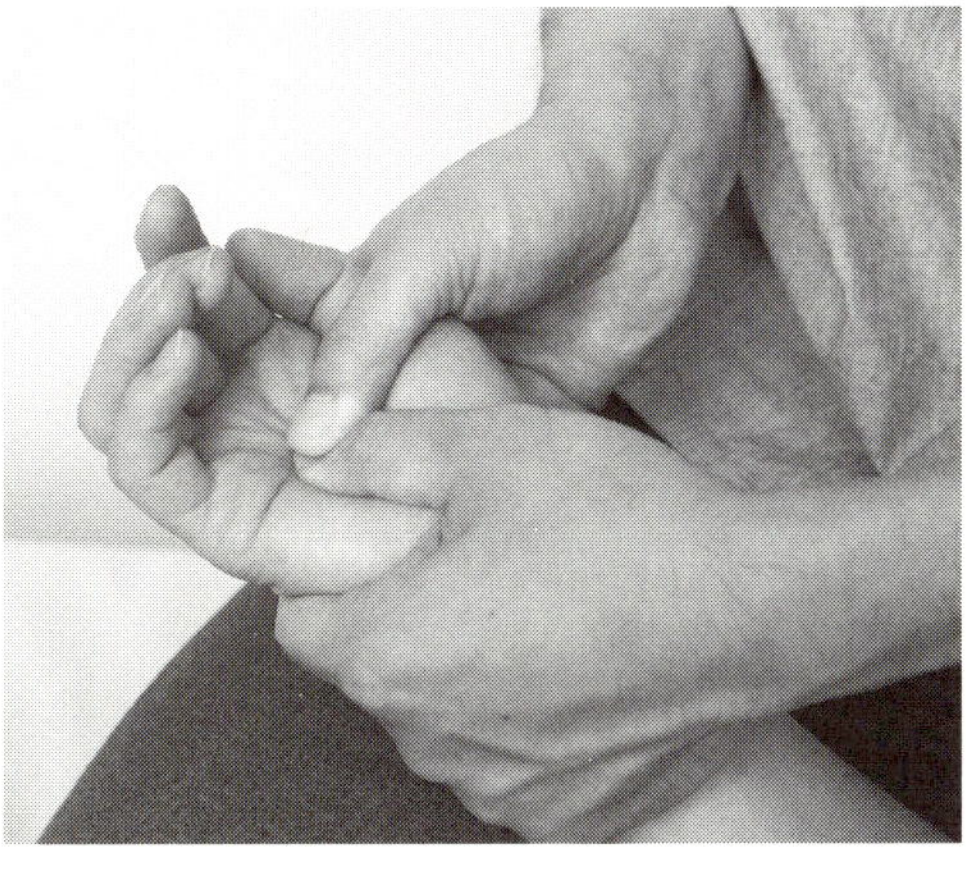

2 もう片方の親指を重ね、上の親指で下の親指を押さえるようにしながら、圧をかける。3〜4呼吸待って、ゆっくりゆるめる。

※相手の左側に移動し、左手も同様に行う

人体力学 10

気持ちが沈んでいるときに背中合わせの脊《せき》椎《つい》行《ぎょう》気《き》法

背中に注意を集めて、背骨で呼吸するイメージで呼吸をしていると、背中が温かくなり、体が軽くなってきます。これを「脊椎行気法」といい、背骨で呼吸することで背中に気を集める方法です。これを相手と自分で背中を合わせて行います。

1 二人で背中を合わせて、軽くひざを開いて正座をする。両手の甲を太ももに置き、背すじを伸ばす。目を閉じて心を落ち着かせ、背骨に意識を向ける

2 体を少し後ろに傾けながら、頭頂部から息を吸う。背骨ひとつひとつを通って尾骨まで呼吸を入れていくイメージで吸っていく

体を少し後ろに傾けながら、息を吸う

3 体を少し前へ傾けながら、尾骨から頭頂部にかけて息を吐いていく。背骨への意識を高め、相手と呼吸を合わせて行い、心が落ち着いたと感じるまで、2と3をくり返す

体を少し前に傾けながら、息を吐いていく

Column 2

認知症について

今やとても身近になった認知症。わたしは、社会のあり方も、その一因ではないかと感じています。たとえば、高齢になり、免許証を返してしまうと、途端に心身が弱っていく方を何人も見てきました。もちろん、事故は防止しないといけませんが、いくつになっても、社会の一員である、という意識がいかに重要かを感じます。

また、定年退職になったご主人のために、毎食ご飯を作らなければいけない奥さんは、大変、大変と言いながらも、認知症になることは少ない。何か緊張感があったり、やらなければいけないことがあるうちは、それが脳を活性化する刺激となるのです。

いちばん良い刺激は、人との会話です。認知症の方に対しても、会話は大切です。話しかけて、脳を刺激する。一度で理解できなくても、何度もくり返す。そのうちに、「あれ、さっきも同じ話を聞いたな」と、通じる瞬間が生じます。その方が興味のある話、つれあいや子供のこと、昔の話題がよいでしょう。たとえ会話が成立しなくても、言葉を投げかけ続けることが刺激になり、その方の中に眠っているものを呼び起こしていくのです。

社会が少し不便なくらいのほうが、人は強くなります。依存しながらでも生きていける社会は、人を弱くしてしまう。相手の力をいかに引き出し、自立に導くかは、介護においても、社会においても、重要なことなのです。

人体力学⑪

頭をすっきりさせる 頭部寄《よ》せ

頭が疲れたときや緊張が続いたときは、頭が張っています。一般的にもハチマキを巻くと頭がスッキリして集中できるのと同様に、手を使って締めていくことで、頭のつかえをゆるめることができます。また、この箇所は腰とも関連するため、腰も引き締まってきます。

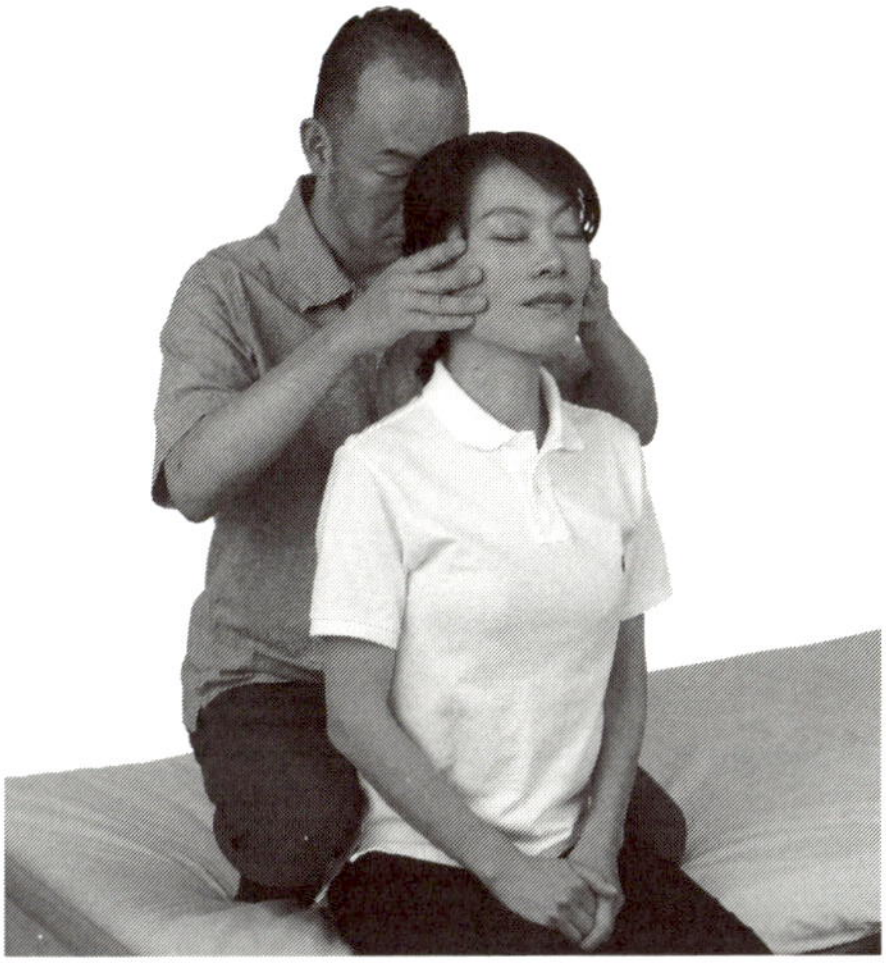

1 相手の背中側に座り、両手を頭部にやさしく添える。親指の位置は、盆のくぼから少し上がった両側あたり

※盆のくぼ。中心に寄せるとき、親指で押さないように注意

2 両手で後頭部を大きく包むようにして中心に寄せ、2～3呼吸待って、ゆっくりとゆるめる

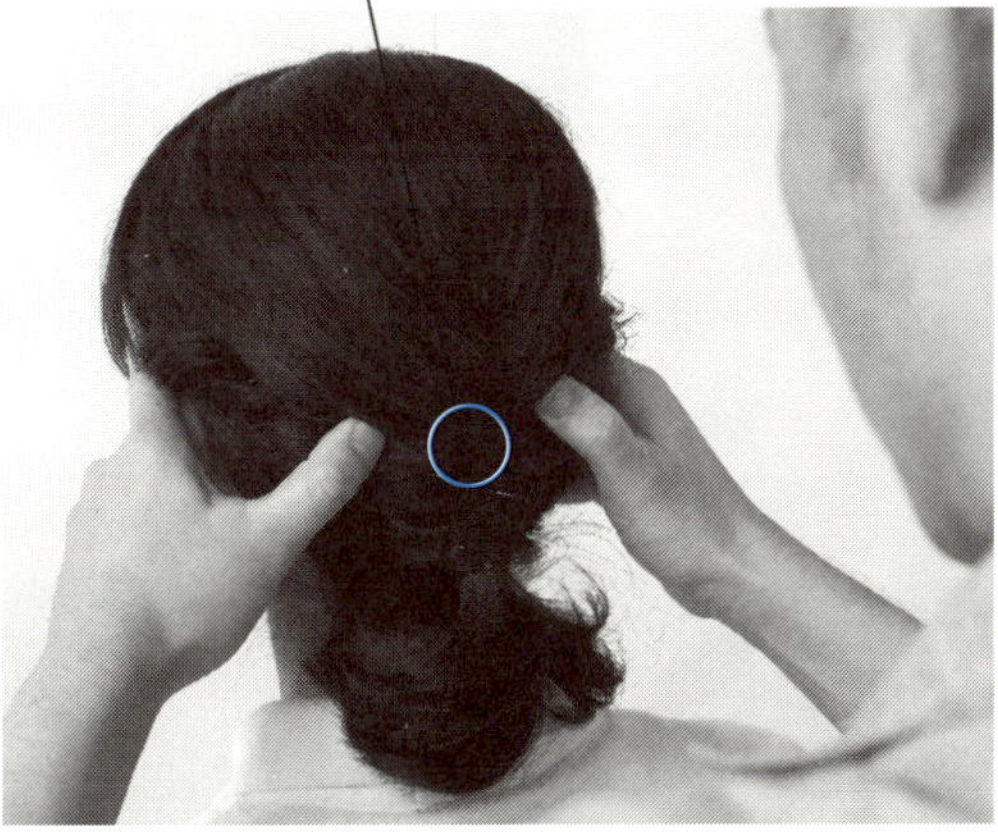

ケーススタディ別　人体力学

痛み・むくみをやわらげるケア

出血以外の痛みや不快感がある場合のケア方法です。体は元気なときは中心に力が集まっていますが、疲れてくると分散し、内から外、中枢から末梢に、力が流れます。たとえば、腕をよく使う人の場合、痛みなどの症状は、肩からはじまって、ひじ、手首、指へと症状が移っていきます。体の疲労や心理的負担は体幹部の負荷を経て、足のほうにまで降りてきます。

高齢者に多い、胸が下がって、腰が落ちた体形では、中心である背骨に弾力がないために末梢が硬く、流れが悪くなっています。そうした場合は、末端である、趾骨間《しこつかん》（足の指の骨と骨との間、足の甲部分）を刺激する方法が効果的。ほかに、蒸しタオル法や足湯でも、痛みやむくみをやわらげることができます。体の状態が末梢へと影響を与えるように、末梢から体全体へと影響を与えることができるのです。

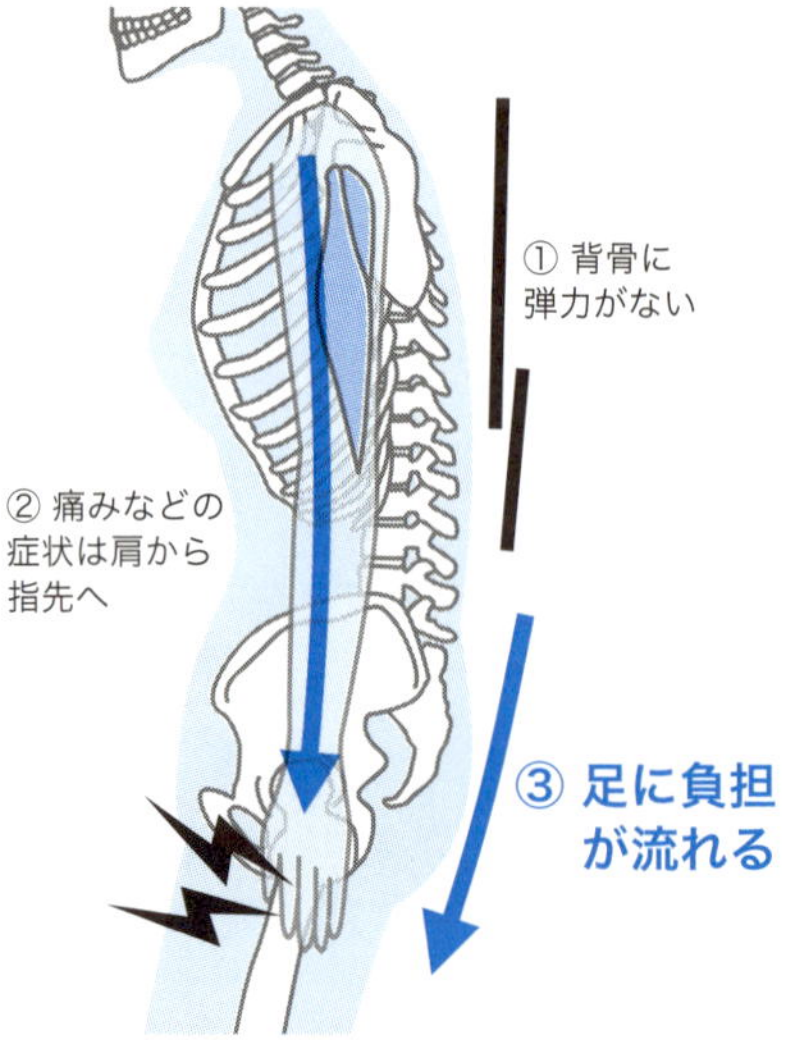
① 背骨に弾力がない
② 痛みなどの症状は肩から指先へ
③ 足に負担が流れる

人体力学 ⑫

痛みや不快感をやわらげる蒸しタオル法

やけどをしない程度に冷ました蒸しタオルを、患部に直接あてる方法です。あてた直後は熱刺激で血管が収縮しますが、温度が下がるにつれて、徐々に血管が広がって血流が増え、周囲の細胞も刺激されます。タオルが冷めたら、再び温めて患部にあててください。

※蒸しタオルの作り方

厚手のタオルの長いほうを三つ折りにし、さらに二つ折りにして、水をたっぷり含ませる。軽く絞って電子レンジ(600W)で1分～1分半加熱し、熱さに注意しながら取り出す。

1 蒸しタオルをあてる範囲の大きさに折りたたみ、気になる部分に直接あてる。3～5分あて、冷めてきたらタオルを温め直す。その間、患部が冷えないように乾いたタオルでふいておく。全体が赤くなるまで、3～5回を目安に続ける

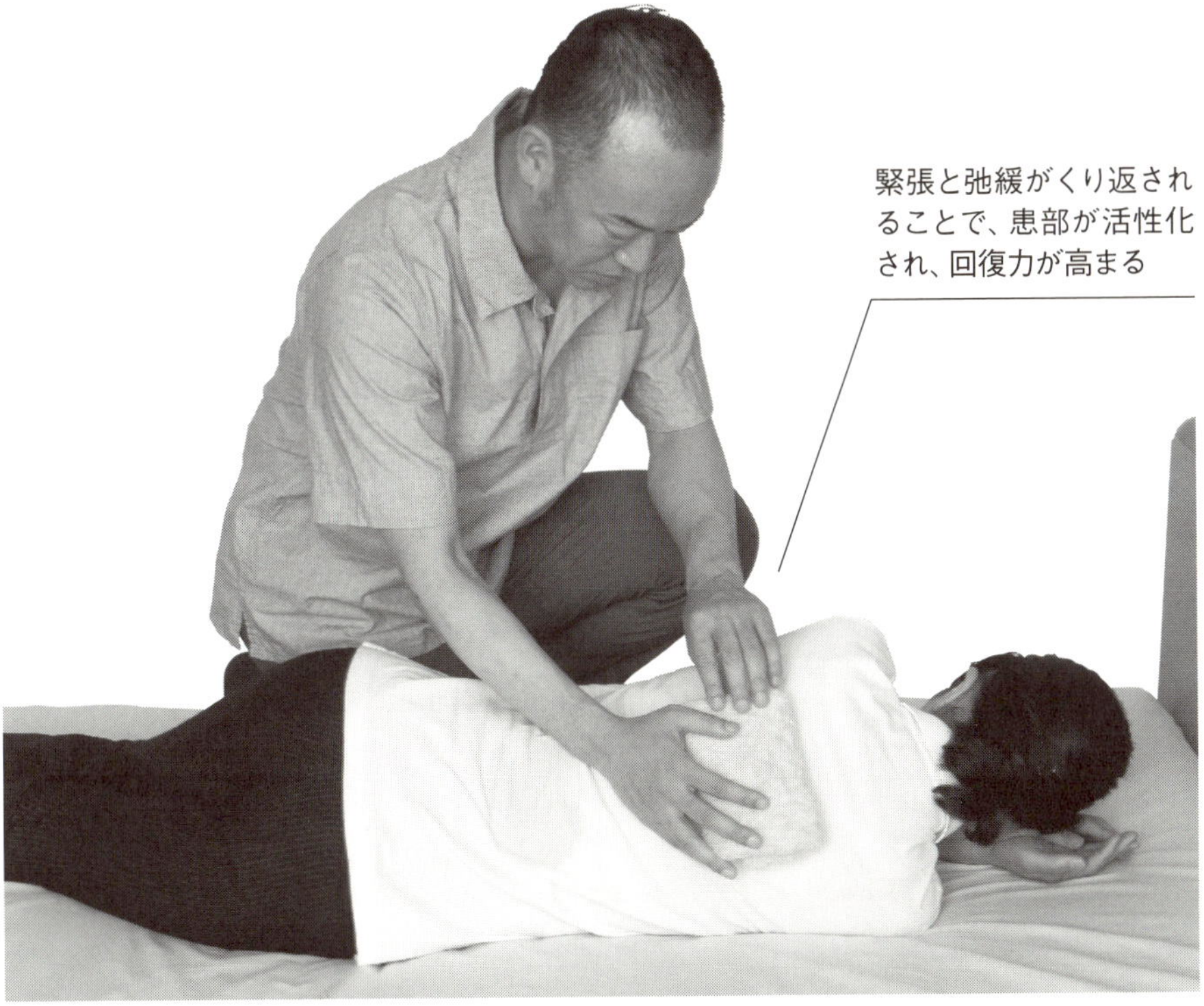

緊張と弛緩がくり返されることで、患部が活性化され、回復力が高まる

※写真では服の上からタオルをあてていますが、行うときは、肌に直接タオルをあててください

人体力学⑬

中心のはたらきを助ける 趾骨間《しこつかん》の溝《みぞ》そうじ

体の疲労や心理的負担は、体幹部の負荷を経て、足のほうにまで降りてきます。足の指の骨と骨との間の(足の甲)部分を、人体力学では「趾骨間《しこつかん》」と呼びますが、体の負荷によってこの部分に詰まりが出てくるのです。趾骨間を刺激することで末梢がゆるみ、流れが出て、中枢のはたらきを助けることができます。

1 相手の足元に位置し、自分の片方の親指を、相手の左足の小指と薬指の間の趾骨間にあてる

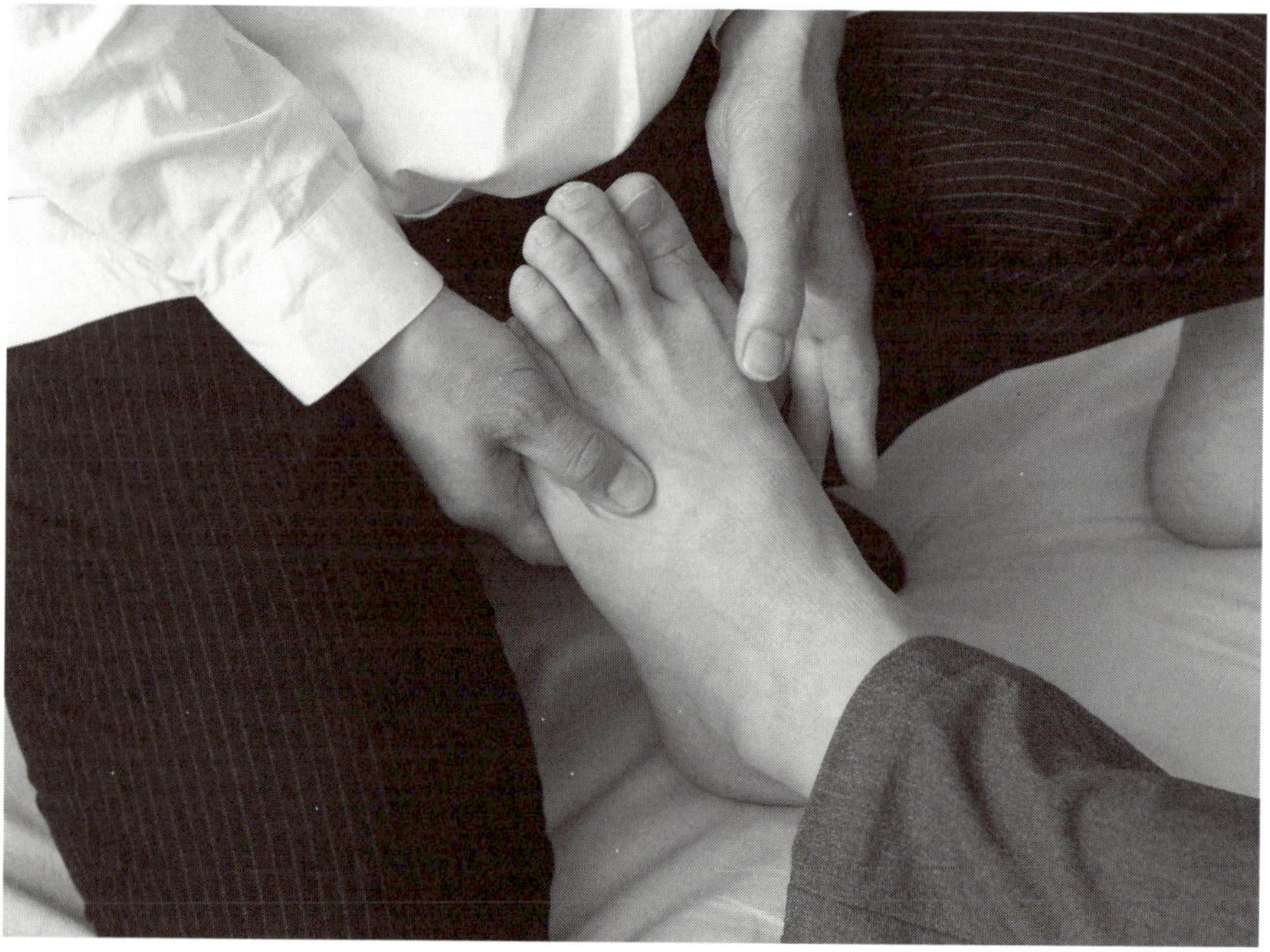

2 もう片方の親指を重ねて、足の指先からつけね方向に指をすべらせながら刺激する

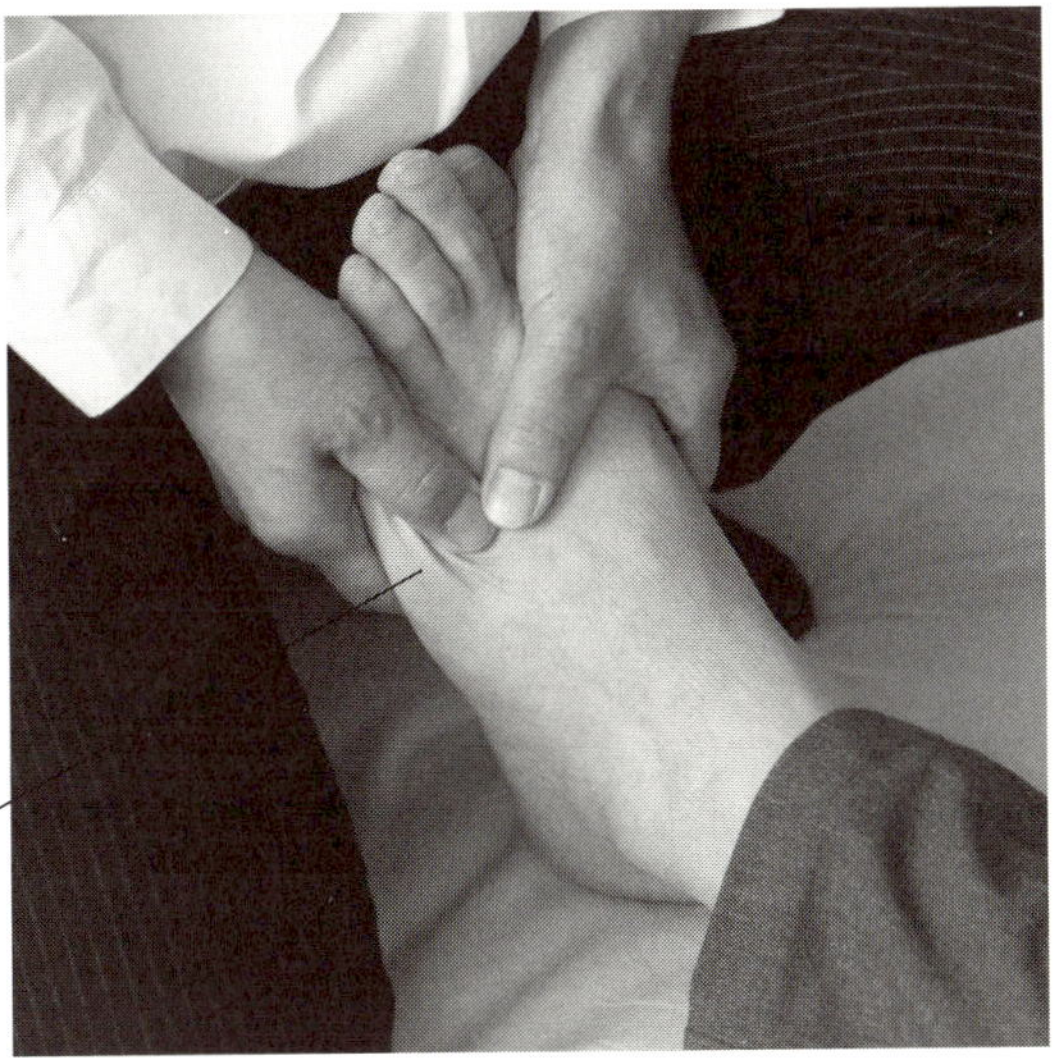

趾骨間の溝を開けるイメージで、刺激していく

3 ほかの趾骨間も同様に行う。左足が終わったら、右足も同様に行う

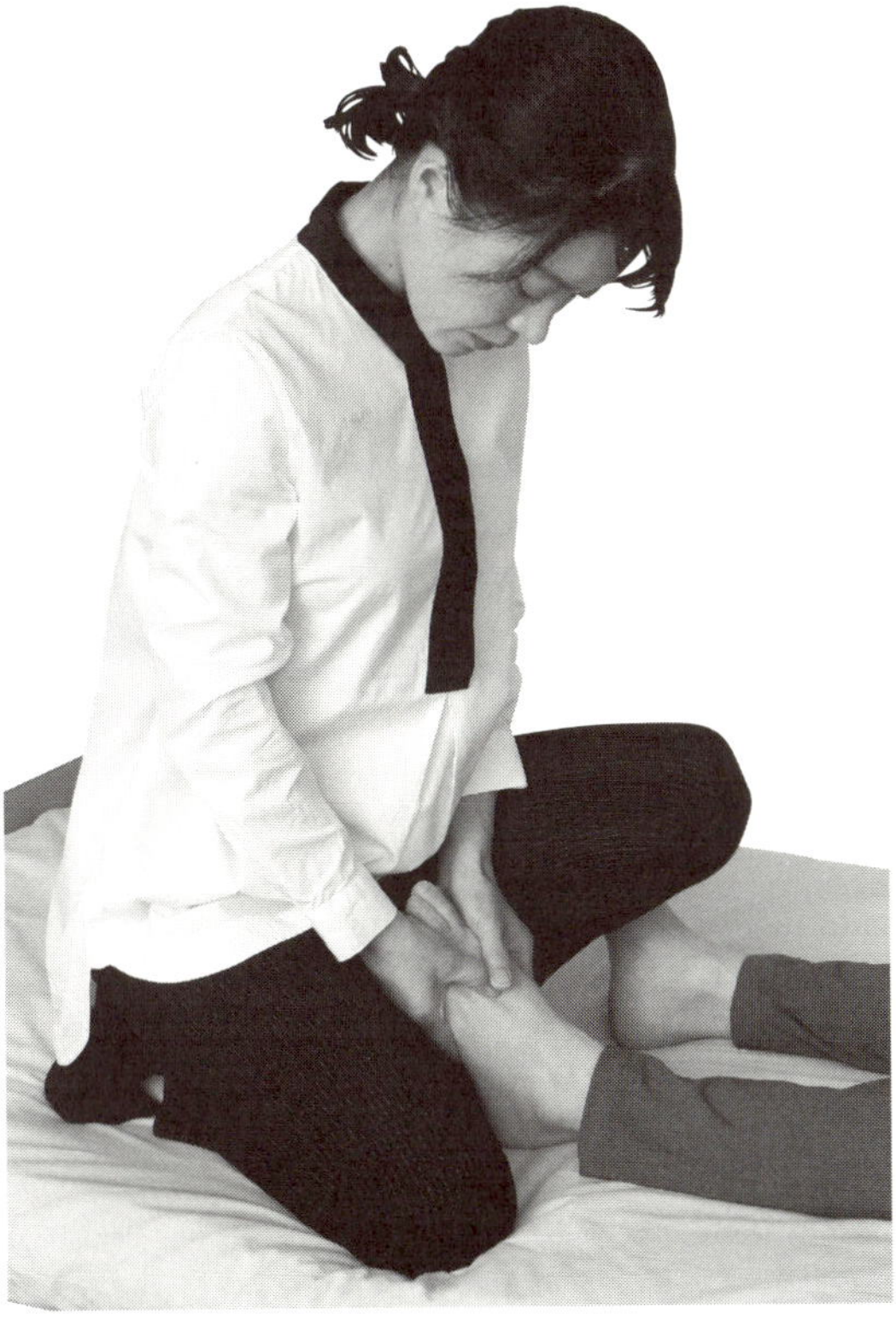

人体力学 14

腎臓や心臓のはたらきを助ける
足湯

足首、手首、腰首、首と、首とつくところは急処で、すべて関連しています。足湯をすると、腰をゆるめることができ、首(咽喉)の痛みにも効果的です。汗が出てきて、お湯から足を出したとき赤くなっていれば、それが終了の目安です。片方の足が赤くならないときは、そちらの足だけもう2～3分延長してみてください。

1 広口のたらいなどにお湯を張り、指先からくるぶしのまん中までをお湯につける。時間の目安は4～6分

※寝たままでもできる。その場合は相手にひざを立ててもらい、足をお湯につける。ベッドや布団の上で行うときは、足元にビニールシートを敷いてその上にたらいを置くとよい

お湯の温度は45～46度が目安。途中でお湯の温度が下がってきたら、差し湯などをして温度を保つようにする

3章

介護する人が疲れないための人体力学

心と体はひとつ
介護疲れの本当のワケ

介護する人は、腕を使って相手の重い体を支えなければなりません。腕の使いすぎによる疲労は、上腕から肩、胸にある大胸筋《だいきょうきん》へと広がっていきます。そして、背中の筋肉にも疲れが溜まり、筋肉の硬直が背骨に伝わり、肩甲骨も外に流れてしまいます。そのような状態ですと、左右の肩甲骨の間にある胸椎《きょうつい》は、肺や心臓のはたらき、体温調節・発汗と関係しているため、心肺機能が低下。心臓に負担がかかって、血流はますます悪化し、腎臓の機能も低下するなどの要因が加わって、疲労がなかなか回復できない状態となってしまうのです。

疲れが抜けない体は、メンタル面にも影響を及ぼし

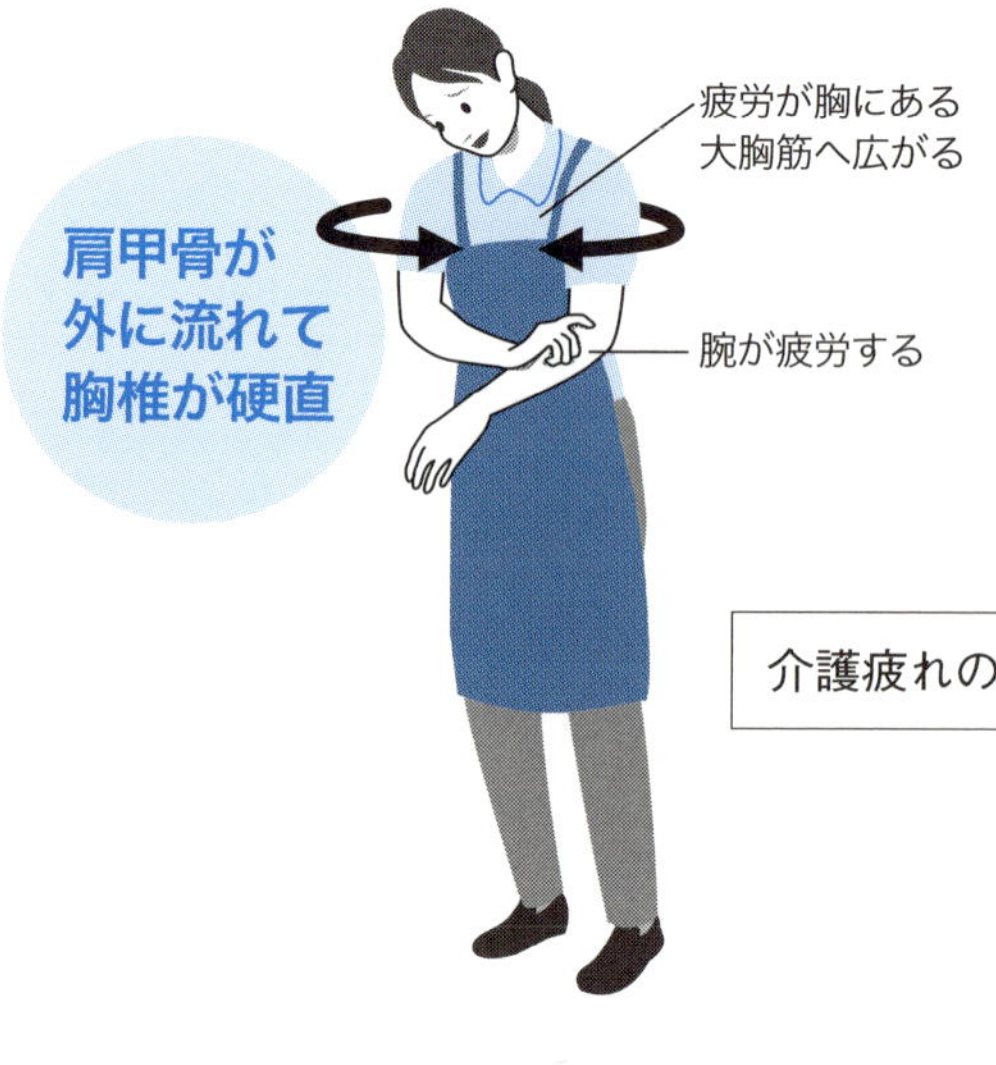

疲労が胸にある
大胸筋へ広がる
肩甲骨が
外に流れて
胸椎が硬直
腕が疲労する

介護疲れの連鎖

ます。

大胸筋は、大脳とも関係が深く、大胸筋が硬直した体は、夜眠れない、眠りの質が落ちる、といったことが起こってきます。

睡眠がうまくとれない日々が続けば、気持ちは沈んでいく一方。気持ちでいくら頑張ろうとしても体はついていかない。体に疲れを溜め込んでいるから、心もどんどん疲れてくる、という悪循環に陥ってしまうのです。こうした状態では良い介護はできません。

介護する側の心身の疲労は、介護を受ける側にも伝わり、緊張や不安から拒絶が起こることもあります。

心と体はひとつ。体が整うことで、気持ちも自然と前向きになります。自分に合った人体力学体操や気分転換を行うことで、体力・気力の回復を心がけてほしいものです。

介護で呼吸器に負担をかけると表情がなくなっていく解剖学的理由

肺が上がった状態と、肺が下がった状態とで、自然に笑顔が出るかどうかは、口角を上げる口角挙筋《こうかくきょきん》や、口角を下げる口角《こうかく》下制筋《かせいきん》、大胸筋《だいきょうきん》にまでつながっている広頚筋《こうけいきん》などが関係しています。肺が下がって呼吸が浅い人は、顔の表情もなくなっていきます。それは、肺が下がると、前胸部が硬くなり、いわゆるデコルテから咽喉、胸《きょう》鎖《さ》乳突筋《にゅうとつきん》から顔面の表情筋にまで影響していくからです。逆に、人体力学体操などを通じて肺がゆるんでくると、自然と笑顔が出てくるようになります。

人体力学❶

腰痛の予防になる整体スクワット

腰に力を集めることで、腰痛を予防することができる体操です。併せて、腰が上がって肺も上がった人体力学の体の使い方を覚えることができます。24ページで紹介した、基本の動き「腰を伸ばす」という動作の元となる動きです。

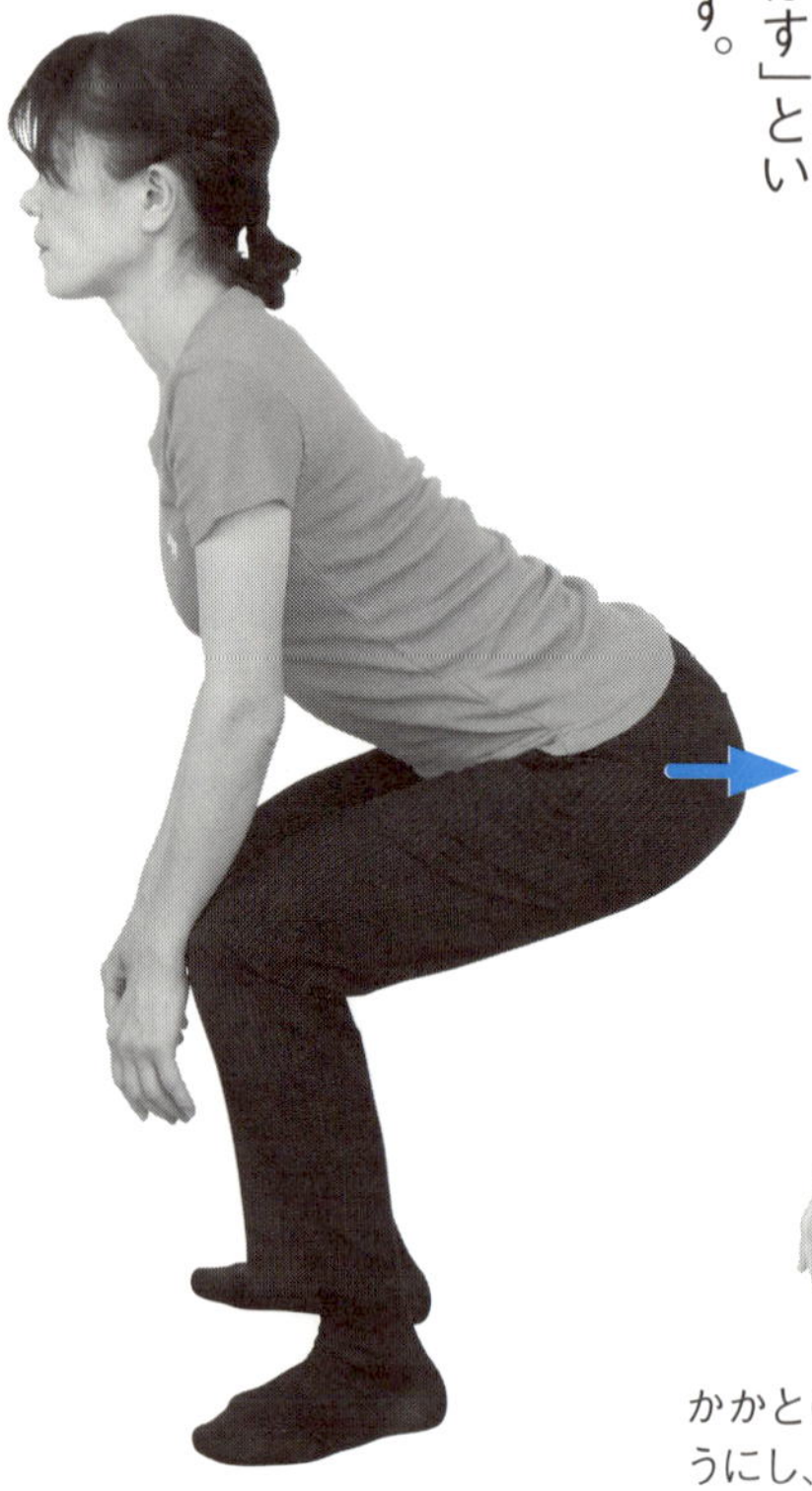

かかとはなるべく浮かないようにし、少し前かがみになる

1 足を肩幅に開き、つま先をやや外側に向けてしゃがむ

2 お尻を後ろに引くようにして、できるだけゆっくり立ち上がる

腰のアーチを意識して形をつくる

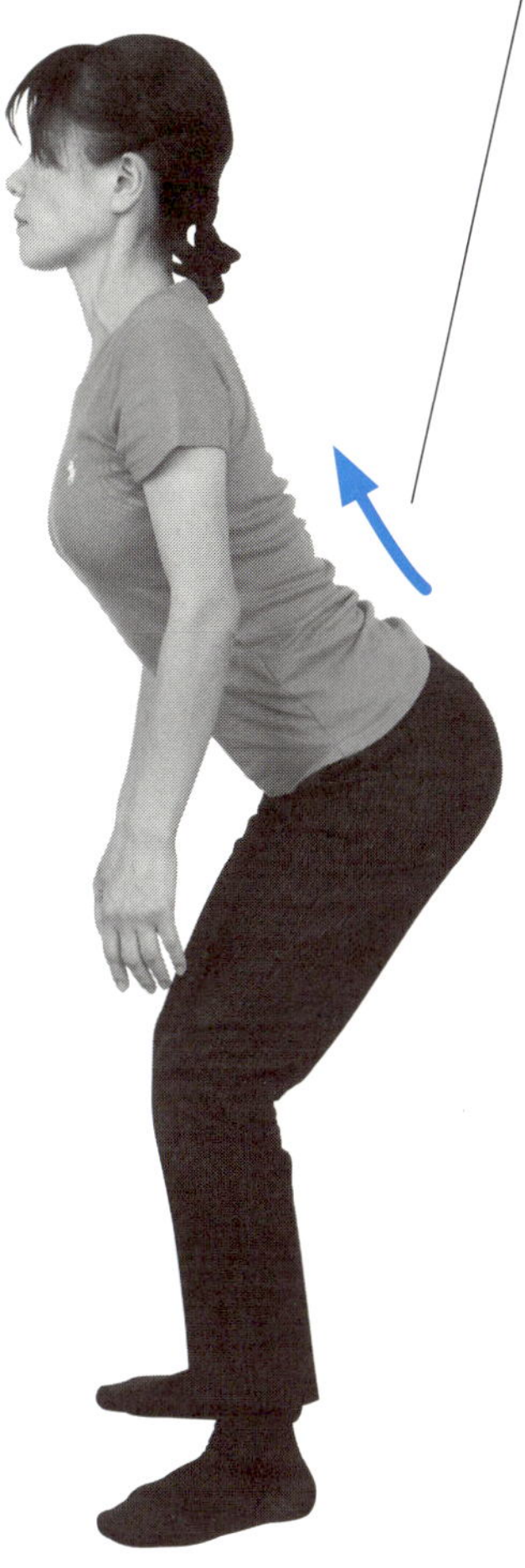

3 腰を支点に、胸が上がるにつれてきれいにお尻が上がっていく

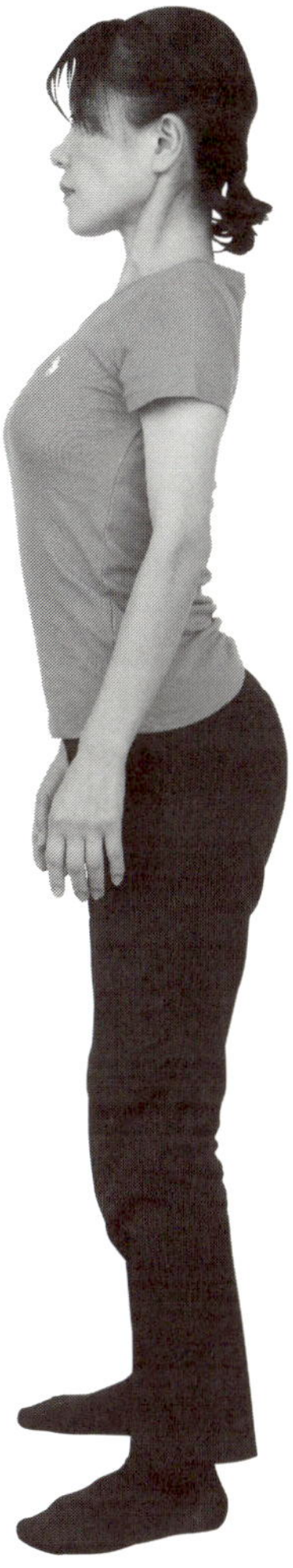

4 腰に集まった力が抜けないように、ゆっくり立ち上がる

※朝と晩に、2～3回行う

人体力学❷

重い人を抱えて腕や胸にかかる負担を解消する
横寝のろっ骨挙上《きょじょう》体操

重い人を抱えている腕はろっ骨で支えられています。腰が疲れ、腕の力で抱えていると、ろっ骨が硬くなり、胸が痛い、息が苦しいといった症状が起こってきます。腕を使ってろっ骨を持ち上げる体操でゆるめていきます。

1 横向きに寝て、左手を伸ばす

2 右ひじをゆっくり横から上げる

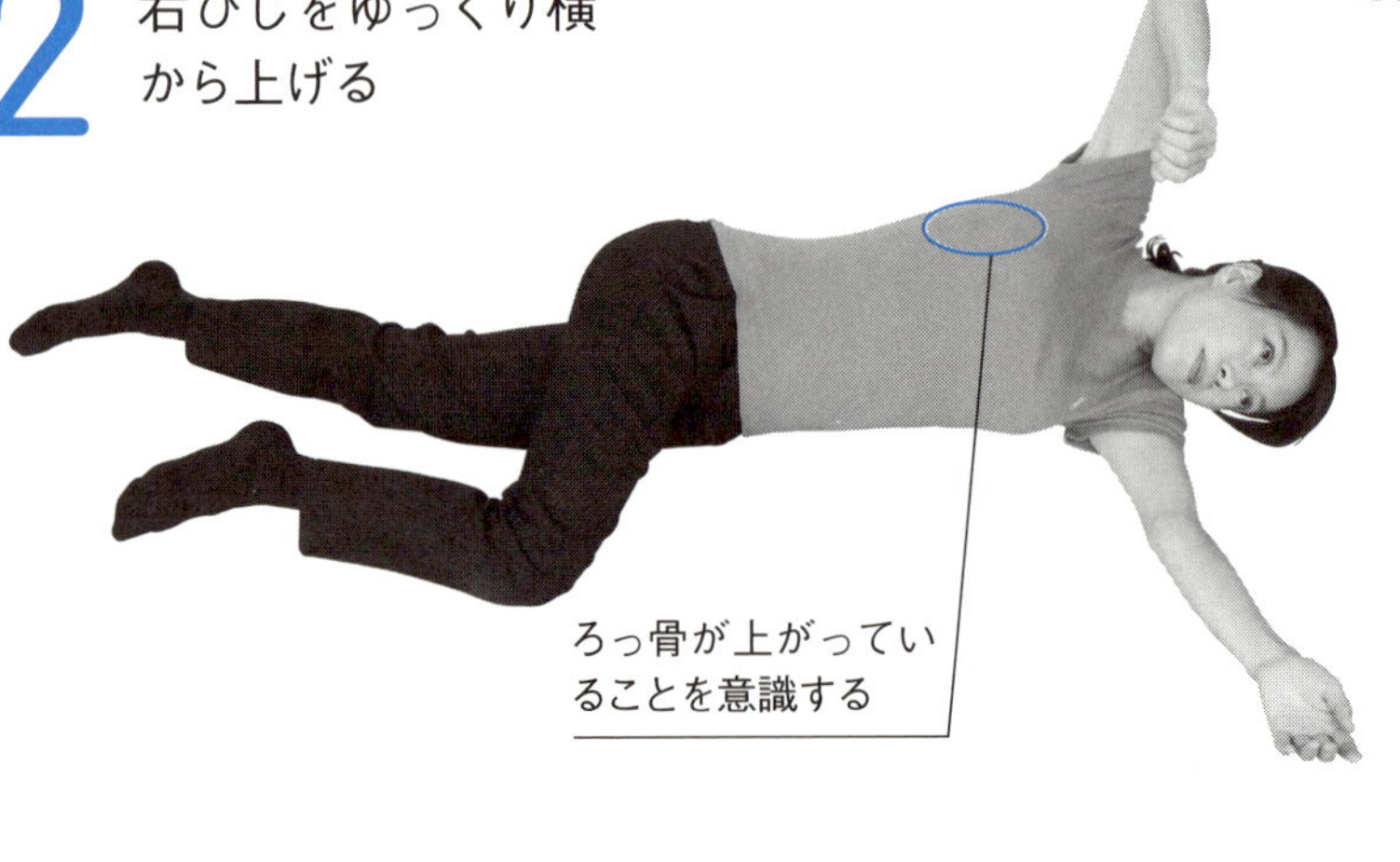

3

右腕が止まるところまでしっかり上げて、ろっ骨が伸びているのを感じる

4

ひじから先を斜め後方に伸ばして3呼吸キープ

※反対側も同様に行う
※朝と晩に、２～３回行う

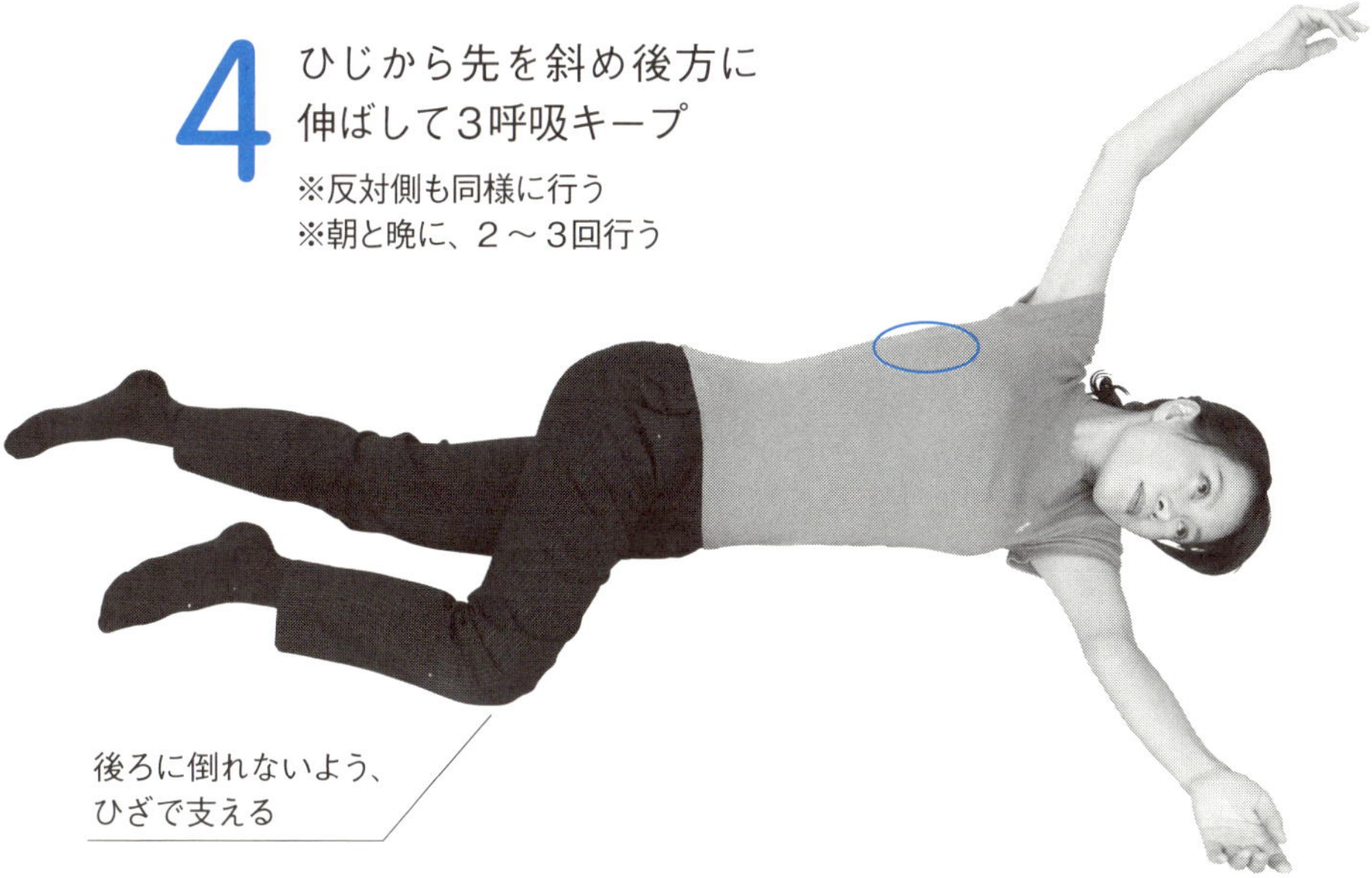

後ろに倒れないよう、ひざで支える

人体力学 ❸

前屈姿勢による肩や首、呼吸器などの症状を改善する

重《かさ》ね重《がさ》ねの体操

重い人を腕で抱えていると、肩が前に巻いた前屈姿勢になっていきます。この姿勢では肩甲骨が外に開き、内側の背骨が突出しています。この体操は、前にかかった力を後ろに戻すことで、肩や首、腕や呼吸器などの症状を改善することができます。

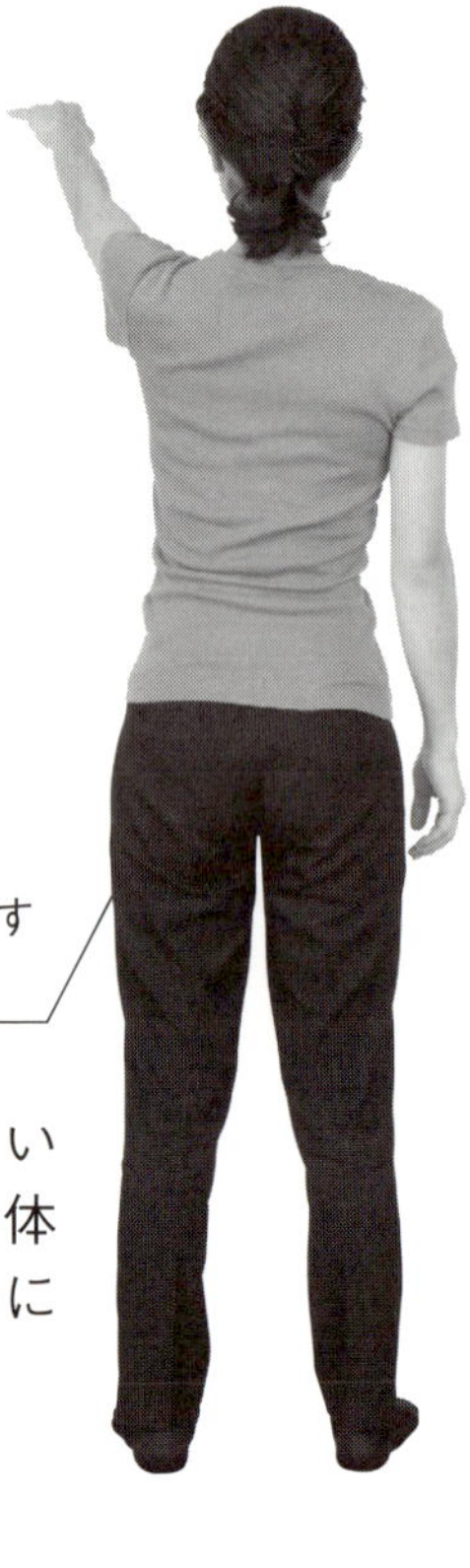

ややお尻を突き出すように立つ

1 足を肩幅に開いて立ち、自分の体の前を通すように左手を上げる

2 左手が頭上を通過したらひじを直角に曲げて、肩の高さくらいでストップ。右手も同じように上げて、肩の高さでストップ

横から見たところ。肩甲骨が内側へ寄ることを感じよう

数回上下させてからひじを
少し下げる。これを２～３回
くり返してから手順４に移る

3 左右のひじを交互に少しずつ上下させながら、腕を下ろしていく

4 ゆっくり腕を伸ばして１～２呼吸ほどキープして脱力する

※朝と晩に、２～３回行う

人体力学 4

介護のつらさ、イライラを解消する 胸椎《きょうつい》8番の呼吸法

体を内側から活性化する呼吸法。この呼吸を何度かくり返すうちに、背中が温まったり、呼吸がラクになったりします。この呼吸法で胸のつかえがとれると、頭の緊張もやわらぐため、寝る前に行えば快眠の効果も得られます。

1 背すじを伸ばして床に座り、体を少し前に傾ける

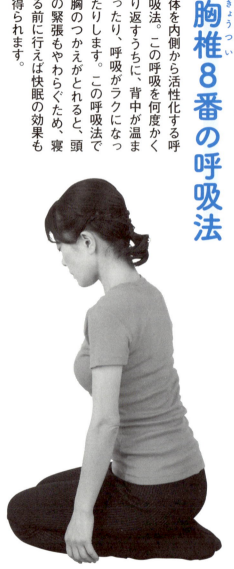

肩を前から上、後ろに動かして呼吸することで、胸椎8番に自然に力が集まる

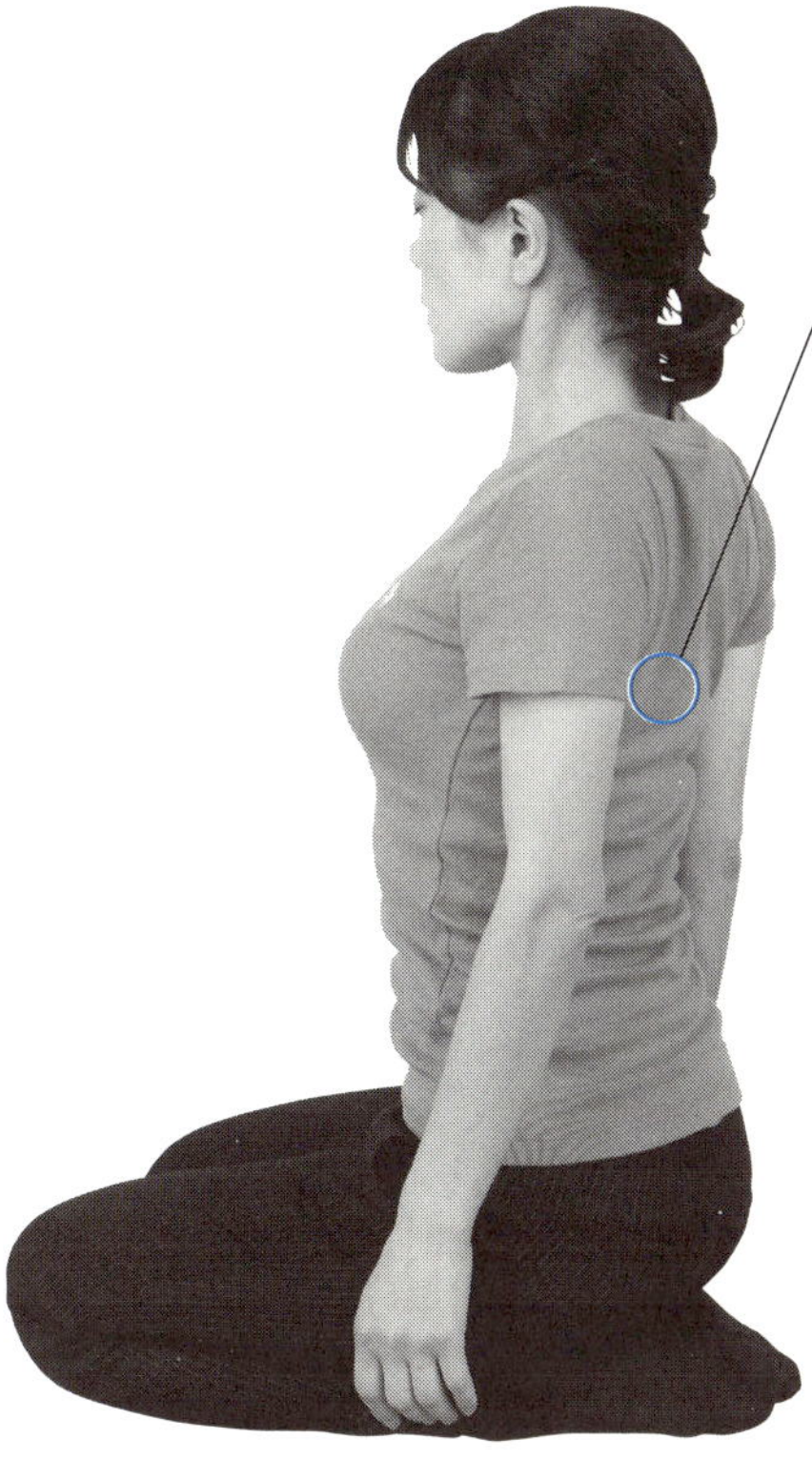

3 肩を少し後ろへ引き、胸椎8番に乗せるように下ろしながら息を吐く。2～3を数回くり返す

※朝晩、疲れたときなどに、2～3回行う

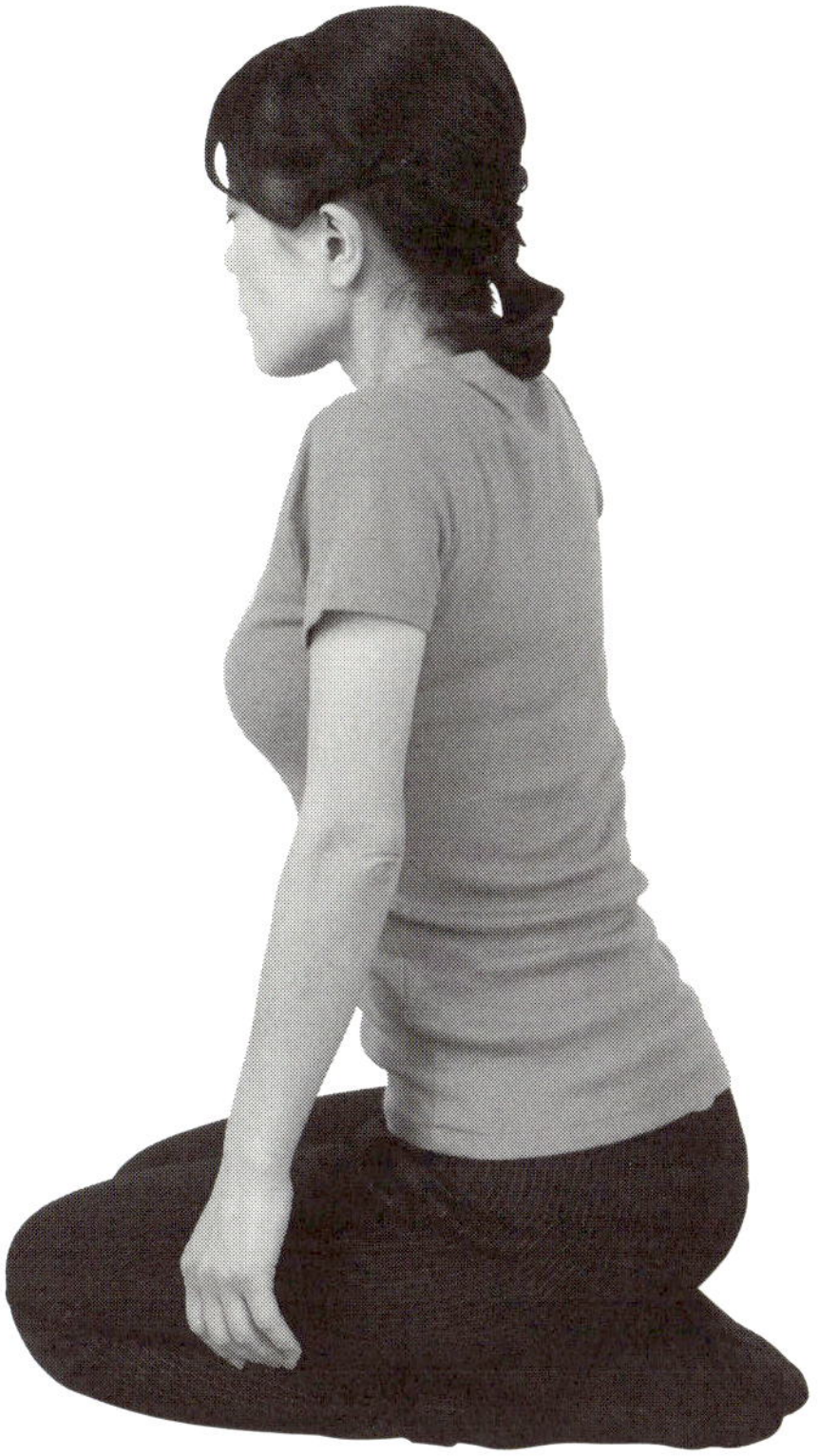

2 肩を軽く持ち上げるようにして息を吸い、いったん止める

人体力学 5

肺の負担をゆるめる温浴法

ひじ湯

腕は肺の急処です。ひじが冷たくなっている人は、肺に無理や負担がかかっています。手首からひじにかけて温めることで、ろっ間や大胸筋がゆるみます。汗が出てきて、お湯から手を出したとき赤くなっていれば、それが終了の目安です。片方の腕が赤くならないときは、そちらの腕だけもう2～3分延長してみてください。

1 広口のたらいなどにお湯を張り、指先からひじまでをお湯につける。時間の目安は4～6分

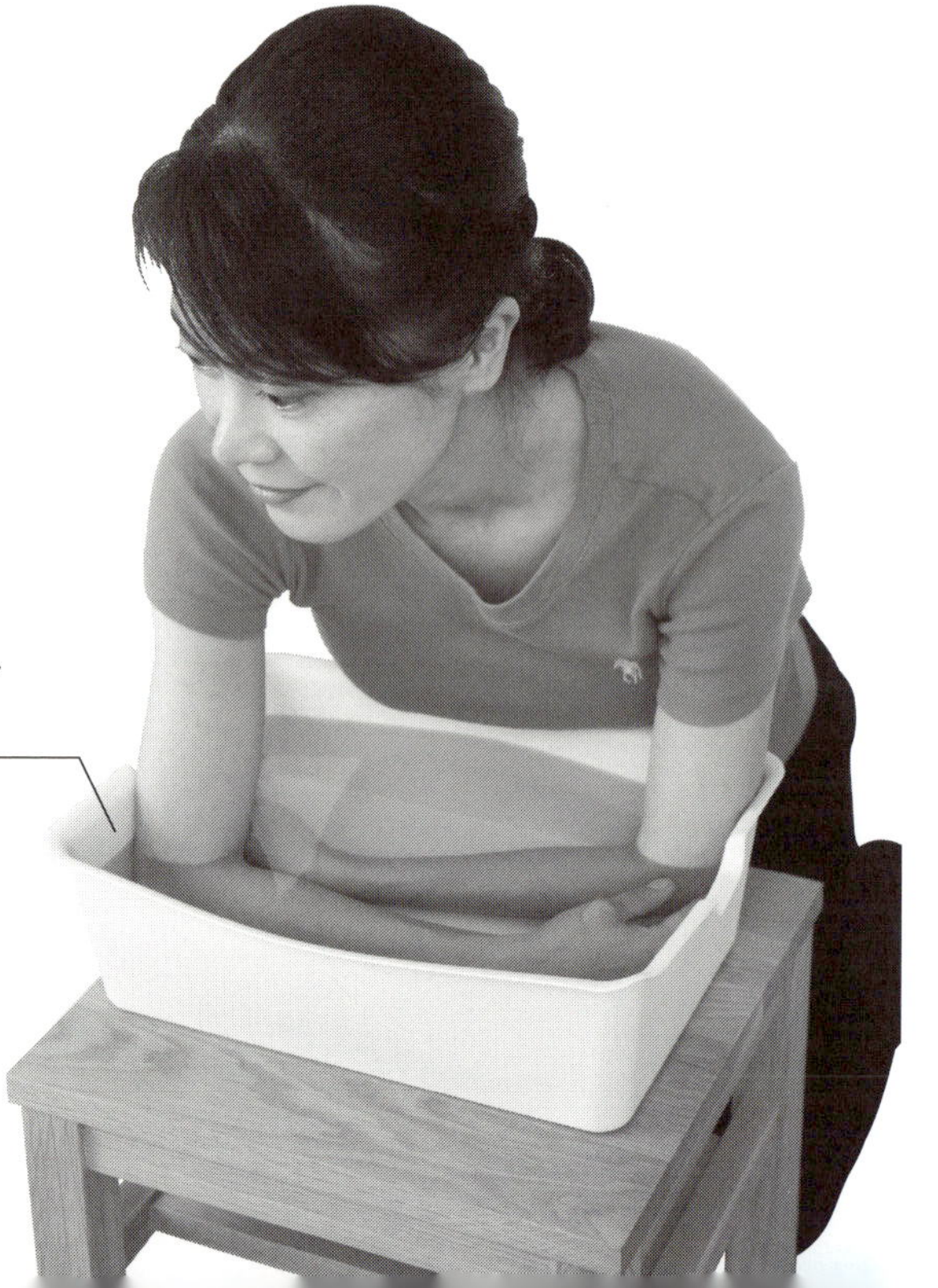

お湯の温度は45～46度が目安

4章

終活にいかす

人体力学

人は老いを感じたとき何を準備すればいいのか

数年前、「わたしの余命はあと1か月なのです。わたしは何をしたらいいでしょうか?」と、道場を訪ねてこられた方がいらっしゃいました。頭の良い方でしたから、自分が何をしたらよいのかわからないはずはなかったと思います。つまり、整体では何をしたらいいか、と問いたかったのでしょう。むずかしい質問です。

わたしは、「あなたが今、いちばん要求するものは何ですか?」と、尋ねました。「動きたいですか?」と聞くと、「そんなに動けない。それでも、横にはなりたくない」と言われたので、わたしは、「それなら、静かに、いつも通りに過ごせばよい」と、答えました。

その方が、帰るときに言われた言葉が印象的でした。「わたしは、先生に、これを食べろ、あれをしろ、と言われるかと思っていたので、予想外でした。でも納得がいきました。先生はいつのときでも、全力でぶつかるということをおっしゃる。今のわたしは、力を抜いて一日、一日を全力で生きる思いです」と、逆に褒められたのです。

これからの日々を、どう過ごしていくのか

終活というと、死を目前に迎えたときを考えがちですが、もう少し前、まだ元気なうちに、歩けるうちに、何を思い、日々どのように過ごしていくかということのほうが、もしかしたら大事なのかもしれません。

人はだれしも、できれば「ラクに死にたい」と願うものです。その、まだまだ先のことかもしれない、最後の大きな目標、願い、そうしたものを叶えるためには、年齢に関係なく、今のうちからできることがあると、人体力学では考えています。ここでは普段からできることを三つご紹介します。

「引き算」の意識を持つ

一つ目は、「詰め込まない」ということです。

最近は、テレビをつければ、何々の病気にならないために、これを食べて予防しなさい、など

という番組をやっています。でも、年をとってくると、詰め込むことが、ときに苦しみを生みます。食料がたくさんあり、栄養も問題なくとれる現代においては、無理に詰め込むメリットよりも、詰め込んだデメリットのほうが、体にとっては危険です。食べものしかり、薬もそうです。詰め込めば詰め込むほど、最後には苦しむ材料になってしまうことがあるのです。

また、インターネットもいろいろな情報であふれています。人はその中から選択しなければいけない。情報が多いと人は迷います。本来考えなくてもいい、余計なことを考え始めたりします。執着、こだわりも心を硬くします。年をとれば家族のこと、お金のことなど、なにかと行き先を案ずる事柄が増えてくるでしょう。あれこれ自身の中に溜め込んでいては心にも体にも余裕がなくなります。自身のなかに詰め込まず、力を抜いて、手放す。一歩引いて物事を考え、「引き算」の生活をする。そうすることで、心と体にゆとりを持つことができるのです。

「風邪をひく」ことで免疫力をつける

二つ目は、上手に「風邪をひく」ということです。

体には、計り知れないほどの潜在体力や能力があります。たとえば、自分で治そうとする力、免疫力。風邪をひいたときに自分で回復する道を覚えると、免疫力がつき、風邪をひく前より健康になれるのです。風邪で熱を出すというのは、バランスのくずれた体を調整しなおす大切なはたらきであり、熱を出すことで、体は血液中の白血球を増やし、細菌やウィルスなどから身を守ろうとします。つまり、熱によって、古い細胞の「破壊」と、新しい細胞の「建設」をしていきます。

このように、体は「破壊」をすると「建設」があり、風邪をひいて素直に熱を出すことで、強くなっていきます。素直に熱を出す、とは、薬などでむやみに熱を止めたりしないほうが、健康にはよいということです。

世間では、体の弱い人、体の強い人、という言い方をしますが、人体力学のとらえ方はちょっと違っています。病気にまったくならないという人は、いわば体が鈍い人。それは体が強いということではありません。逆に、風邪をひける体のほうが、敏感でよいということです。ただし、年をとってから風邪をひくと、肺炎になったり、回復に時間がかかる場合があります。みなさんも、体力のある今のうちから、年に1～2度、季節の変わり目などにきちんと風邪をひいて、体をリフレッシュし、環境に適応できる体をつくっておいてほしいと思います。

若いうちから「体をゆるめておく」

三つ目は、「体をゆるめる」ということです。

高齢になるにつれ、腰が下がって前屈し、両肩が前に出て、胸が縮んだ体形になっていきます。このような体形に、何歳くらいからなってしまうのか、と聞かれることがありますが、これも、人によって違います。40歳代、50歳代でも、老人のような体形の方はたくさんいます。

体は、手足から徐々に硬くなり、最終的には背骨が硬くなります。背骨が硬いのは老人の特徴ですが、今は若い人でも、背骨が硬くなっている人は大勢います。40歳代、50歳代でも、何もしなければ、坂道を転げ落ちるように、体は硬くなっていきます。

足が上がらなくてつまずく、そうなったら腰がこわばっている証拠ですから、自分なりに、本書で紹介しているような人体力学体操をやったり、体の使い方を工夫したりする必要があります。

そして、心もやわらかくありたいものです。やわらかい気持ちを持って老いている人は、家族に好かれます。たとえば、嫁がいじわるをする。本当はいじわるをされているわけではないのに、我が強い方は、そういうふうにとってしまいがちです。一方で、いいように、いいように、とる方がいます。気持ちをやわらかく持つと、生きるうえでも、とてもラクなのです。

やわらかい気持ちで穏やかなときを過ごす

ぴんぴんコロリ、をみなさんは目標にしていますが、そのとおり、それが自然です。食べものや飲みものを欲しがらなくなって、枯れるように逝く。まるで一日の終わりに眠りにつくように、心も体もリラックスした状態で、自分の人生に納得して逝く。それが死の自然な在り方です。

自分自身が老いを感じ、最期のときが近づいてきたと感じた時期に、体の要求を聞きながら穏やかな日々を送る。それができれば、人は自然に、ラクに逝くことができます。そのために、元気なうちから、手放す範囲を決め、整理をして、心と体をゆるめておく。そのときが来たときに、「これでヨシ」と思えるように、自分にとって本当に大事なことを素直に感じられる心身を準備しておく。これが、整体的終活といえるでしょう。

著者 **井本邦昭**（いもとくにあき）

人体力学・井本整体主宰　医学博士

1944年山口県生まれ。5歳から、整体指導者だった父・良夫氏の手ほどきを受ける。その後、ヨーロッパで鍼灸を指導しながら、スイス、ドイツで西洋医学を学ぶ。帰国後、東京と山口で整体指導を続けながら、東京は千駄ヶ谷に本部道場を設立。日本のみならず海外でも、整体法の普及および後進の育成に努める。主な著書に『弱った体がよみがえる 人体力学』（高橋書店）、『体の痛み・不調が消える！「呼吸」力学』（主婦と生活社）、『たった5分で体が変わる すごい熱刺激』（サンマーク出版）など多数。

人体力学・井本整体の講座について

東京・千駄ヶ谷の東京本部および大阪、札幌、福岡では、講座や定期的なセミナーを開催しています。案内をご希望の方は、電話、ファックス、電子メールにて東京本部まで資料をご請求ください。パンフレットと井本整体機関誌『原点』を1部ずつ無料でお送り致します。
また、本書掲載の体操は、各人に応じたセッティングをするとより効果的です。各地で専門指導員による体操の指導会を開催しておりますので、詳しくは東京本部までお問い合わせください。

お問い合わせ

●人体力学・井本整体　東京本部
〒151-0051　東京都渋谷区千駄ヶ谷1-25-4
Tel.03-3403-0185　Fax.03-3403-1965
メール　genten@imoto-seitai.com
ホームページ　www.imoto-seitai.com

●人体力学・井本整体　徳山室
〒745-0034　山口県周南市御幸通り2-6
タンブラウンビル4階
Tel.0834-31-1538　Fax.0834-21-1239

※連絡先などは都合により変更する場合があります。
※本書記載の内容を営利目的で使用する場合は、井本整体の講習を受けたうえで許可が必要です。
※「人体力学」および「人体力学体操」は井本整体の登録商標です。

staff
カバーデザイン、イラスト
寄藤文平（文平銀座）
編集・執筆協力
永瀬美佳（Lush !）
写真
山上忠
ヘアメイク
末光陽子
本文デザイン
鎌田僚
イラスト
中川原透
モデル
和類江平、服部玲子、渡辺直美
撮影協力
神谷ひろ子、原田裕子

介護に役立つ人体力学

2019年9月10日　第1版第1刷発行

著者	井本邦昭
発行者	清水卓智
発行所	株式会社ＰＨＰエディターズ・グループ 〒135-0061　江東区豊洲5-6-52 03-6204-2931 http://www.peg.co.jp/
発売元	株式会社ＰＨＰ研究所 東京本部　〒135-8137　江東区豊洲5-6-52 普及部　03-3520-9630 京都本部　〒601-8411　京都市南区西九条北ノ内町11 PHP INTERFACE　https://www.php.co.jp/
印刷・製本所	凸版印刷株式会社

ISBN978-4-569-84344-5